Wilhelm Ruland

Rheinische Sagen

Kleine Ausgabe

Wilhelm Ruland

Rheinische Sagen

Kleine Ausgabe

Reproduktion des Originals.

1. Auflage 2022 | ISBN: 978-3-36826-619-6

Verlag: Outlook Verlag GmbH, Zeilweg 44, 60439 Frankfurt, Deutschland
Vertretungsberechtigt: E. Roepke, Zeilweg 44, 60439 Frankfurt, Deutschland
Druck: Books on Demand GmbH, In de Tarpen 42, 22848 Norderstedt, Deutschland

Worms

Die Nibelungen

Die älteste der Rheinstädte, in vorrömischer Zeit gegründet, darf sich rühmen, in ihrem Dom eines der bedeutendsten Baudenkmäler Deutschlands zu besitzen. Sie kann weiter daran erinnern, dass die fränkischen und deutschen Könige oftmals in ihren Mauern Hof hielten. Weil Worms während der großen Völkerwanderung Herrschersitz des mächtigen ostgermanischen Volksstammes der Burgunden wurde, ist es zugleich der Mittelpunkt des Schönsten geworden, was die deutsche Heldensage zu bieten vermag.

Ruhmreich haben die burgundischen Könige, von der Weichsel kommend, an den Ufern des Mittelrheins regiert. Dann hat hunnische Kriegslust römischer Ländergier den starken Arm geliehen und dem aufblühenden Reich ein unverdientes Ende bereitet.

König Gundikar war mit dem größten Teil seines Kriegsvolkes auf blutiger Walstatt gefallen. Der Rest der Besiegten wurde von den Römern im südlichen Gallien angesiedelt, während am Rhein die Franken in die von den Burgunden verlassenen Wohnsitze einrückten. Kaum einundeinhalbes Jahrhundert hatten die burgundischen Könige am Main und Mittelrhein geherrscht; aber so tief war ihr Andenken im Herzen der rheinfränkischen Völker verwurzelt, dass ihr tragischer Ausgang von dort aus als die bedeutendste deutsche Sagendichtung in die Weltliteratur übergegangen ist.

Dazwischen haben weitere Heldensagen, die dem Boden von Worms entsprossen sind, sich dadurch Jahrhunderte lang im Volk lebendig erhalten, dass sie die edelsten Tugenden deutscher Männer und Frauen mit unbestechlicher Treue schildern. Solcher Art ist das tausendjährige *Waltharilied*: von dem unerschrockenen Herrn Walter von Aquitanien, der mit Hildegunde von König Attilas Hof heimkehrt, unterwegs im Wasgenwald den Überfall des Frankenkönigs Gunthari und seiner Mannen in furchtbarem Kampf abwehrt und dann als siegreicher Held in seine Heimat gelangt.

Wahrhaft volkstümlich wurden vor allem jene Sagen, in welche die Heldengestalt Siegfrieds hineinverwoben ist. Wo liegen ihre Uranfänge? War dieser Siegfried, oder Sigurd, der Lichtheros aller Weltreligionen, der von den Mächten der Finsternis überwunden wird –, oder nur ein blonder, schlank und hochgewachsener Märchenheld oder gar eine geschichtliche Persönlichkeit? Überlassen wir die Frage den Gelehrten. Uns ist und bleibt der sonnenhafte Siegfried die Lieblingsgestalt der deutschen Heldensage.

Wo immer die Helden vom Rhein in ungestümer Kampfbegier mit den streitbaren Mannen des Ostens sich messen, da ist Siegfried an der Spitze seiner Kampfgenossen. Also erklingt sein Lob in der alten Mär von dem ritterlichen *Dietleib*, der ausging, seinen Vater *Biterolf* zu suchen. Also rühmt ihn der Sang vom *Wormser Rosengarten*, obwohl dessen oberdeutschen Verfasser die eifersüchtige Absicht leitet, den rheinischen Recken in ihren zwölf Einzelkämpfen mit den gotisch-hunnischen Helden den Ruf der Überlegenheit abzusprechen.

In mancherlei Überlieferungen und Umbildungen hat die Geschichte von den burgundischen Königen Günther, Gernot und Giselher, die zugleich die letzten Schicksale des Volkshelden Siegfried umschließt, vom Rhein aus durch fahrende Sänger von Burg zu Burg zu den nieder- und oberdeutschen Stämmen bis hinüber ins Donautal den Weg gefunden, wobei ihr ursprünglich heidnischer Geist sich allmählich verflüchtigte.

Dadurch, dass ein ungenannter sagenkundiger Spielmann, den man wohl kaum jemals ausfindig machen wird, um die Wende des zwölften Jahrhunderts die alten Einzelsagen, zu einem großen Heldengedicht vereinigt, in Liedform niederschrieb, ist das Lied von der Nibelungen Not als kostbares Überbleibsel germanischer Volksdichtung bis auf unsere Zeit erhalten worden. Mit Schauern rieselt es uns heute wie ehedem unseren Altvorderen durch das Gemüt, wenn das Nibelungenlied uns erzählt von der großen, ungebändigten Leidenschaft jener Männer und Frauen und der erschütternden Verkettung von Sünde und Sühne in deren Leben.

Ein gewaltiges Lied von Schuld und Strafe, das die Seele mächtig ergreift, emporgesprossen aus der Tiefe des Volkes und einer Welt entsprechend, wie der jugendlich starke Sinn des deutschen Volkes sie wünschte. Als liebliche Idylle beginnend, um als abschreckende Tragödie auszuklingen. Am Hof des Königs Günther von Burgund in Worms erscheint, angelockt durch den Liebreiz Kriemhildens, der Schwester des Königs, ein junger blonder Held, Siegfried mit Namen. Er selber ist eines Königs Sohn. Sein Vater Siegmund regiert in Xanten »nieden by dem Rine«.

König Gunther nimmt den schlanken und sehnigen Recken als Lehnsmann in seine Dienste. In jener schönen Vasallentreue, die alle Helden ziert, erkämpft Siegfried unerkannt dem König die stolze Königin des isländischen Inselreiches, Brünhilde, zur Gattin. Als Lohn empfängt er dafür Kriemhildens Hand. Hochherzig schenkte er Kriemhilden als Brautschatz den Nibelungenhort, den er in jungen Jahren von den Söhnen des Königs der Nibelungen und dem Hüter Alberich erstritten hat.

Eitel Freude herrscht am Königshof in Worms. Doch nicht bei allen. Außer Kriemhilde ist noch eine andere dem Helden Siegfried heimlich gewogen: Brünhilde. Das bräutliche Glück Kriemhildens lässt den Neid in ihrer Seele wachsen, und sie findet kein freundliches Wort mehr für jene. So meiden die beiden Frauen einander entfremdet. Eines Tages versteigt die Missgunst Brünhildens sich zu harter Rede. Da weiß Kriemhilde ihre Zunge nicht zu zügeln. In hitzigem Wortgefecht hält sie der Schwägerin vor, nicht Gunther, sondern Siegfried sei es gewesen, der sie dazumal im Brautbett gebändigt habe. Zum Beweis dessen hält sie ihr Ring und Gürtel vor, den Siegfried in jener Nacht der starken Brünhilde genommen und der Kriemhilde geschenkt hat. Hochfahrend kränkt sie Brünhilde mit einem hässlichen Namen und weigert ihr den Vortritt ins Münster.

Weinend berichtet Brünhilde dem König Gunther von dem ihr angetanen Schimpf. Der beleidigte König grollt, und sein Dienstmann Hagen sinnt darauf, Siegfried zu verderben. Äußerlich, um seine Herrin zu rächen, insgeheim wohl um des Nibelungenschatzes willen.

Bei einer Jagd im Odenwald wurde Siegfried, als er gebückt aus einer Quelle trank, von Hagen heimtückisch erstochen. Man ward Rates, es solle verbreitet werden: Als Siegfried allein jagen ging, da erschlugen ihn die Räuber. So fuhren die Könige und ihr Gefolge am andern Tag über den Rhein nach Worms zurück.

Vor Kriemhildens Kemenate ließ Hagen in der Nacht den Toten niederlegen. Frühmorgens, als Kriemhilde mit ihren Frauen sich anschickte, zur Messe in den Dom zu gehen, gewahrte sie die teure Leiche. Da erscholl vielstimmiges Jammern. Weinend warf sich Kriemhilde auf den ermordeten Gemahl. »Wehe mir,« rief sie, »dein Schild ist mit Schwertern nicht zerhauen. Du fielst durch Meuchelmord. Wüsste ich, wer es getan, ich schüfe ihm den Tod.«

Prunkvoll ließ sie den königlichen Helden aufbahren und bestimmte, dass ein Gottesgericht an der Leiche gehalten werde. Denn es ist ein großes Wunder, und noch immer geschieht's: wenn der Mörder seinem Opfer naht, dann bluten dessen Wunden aufs Neue. So zogen denn alle die Fürsten und Edlen von Burgund an Siegfrieds Leichnam vorbei, den das Bildnis des gekreuzigten Welterlösers beschattete, und siehe, als der finstere Hagen vorüberschritt, da begannen die Wunden des Toten neuerlich zu fließen. Angesichts der bestürzten Männer und der entsetzten Frauen bezichtigte Kriemhilde Hagen des Meuchelmordes an ihrem Gemahl.

Trüglich und kümmerlich war die Sühne um diese große Schuld: der Nibelungenhort, der vorwiegend Anlass zu der schmählichen Untat gewesen war, solle im Rhein versenkt werden, um künftig Habsucht und Hader aus den Herzen der rauen Recken zu bannen. Aber Kriemhildens unendlicher Jammer war damit nicht gestillt, nicht minder ihr heißer Drang nach Rache.

Vergeblich bat König Siegmund nach der Bestattung des Helden, Kriemhilde möge nach der Königsburg von Xanten ziehen. Sie blieb zu Worms in ständiger Nähe des heißgeliebten Toten und lebte dreizehn Jahre an dessen Grabstätte. Dann siedelte die Jammerreiche nach der Abtei Lorch über, die ihre Mutter, die Herzogin Ute, gegründet hatte. Dorthin nahm sie auch die Leiche Siegfrieds mit.

Als dann Etzel, der Herrscher der Hunnen, um sie warb, reichte Kriemhilde, das verlassene Weib, dem Heiden die Hand. Nicht von Liebe, wohl aber von ihren Racheplänen geleitet. Sie zog mit jenem ins Ungarland. Dort hat sie dem Mörder Siegfrieds, nachdem sie diesen mit zahlreichen Dienstmannen arglistig zu sich geladen, in aufschäumender Rache ein Verderben bereitet, das uns mit wahrem Grausen erfüllt. Auch die mitschuldigen Burgundenkönige, seit der Hort zu ihnen gekommen, die Nibelungen geheißen, haben in der Etzelburg unter den Streichen der Hunnen ihre Treulosigkeit an Siegfried mit dem Tode gebüßt.

Erbarmungslos ließ Etzels Gattin ihre ganze Verwandtschaft niedermetzeln. Dem grimmen Hagen schlug sie selber mit Siegfrieds Schwert das Haupt ab. Darauf wurde die Rasende von dem erzürnten Kampfgenossen Hildebrand getötet.

Hier hat die Mär ein Ende. Das Lied von der Nibelungen Not ist die berühmteste Heldensage deutscher Zunge geworden. Von den alten Nationalsagen anderer Völker kann ihr nur das trojanische Heldengedicht Homers an die Seite gestellt werden.

Der geschichtliche Untergang der letzten burgundischen Könige von Worms ward durch diese Volksdichtung für alle Zeiten dichterisch verklärt.

Mainz

Heinrich Frauenlob

Ein würdiger Domherr im alten Mainz ist er gewesen, zugleich auch ein gottbegnadeter Sänger, der zahlreiche fromme Weisen verfasste zu Ehren der reinsten aller Frauen. Hat nebenher der weltlichen Minne manchen klingenden Harfenton gewidmet, und weil er in zarter Huldigung, im Gegensatz zu vielen zeitgenössischen Dichtern, die Benennung Frau d. i. Herrin höher stellte als Weib, was nur Ehegattin bezeichnet, hat ihm die Nachwelt den Namen Frauenlob gespendet, und unter diesem ist er bekannter als unter seinem eigentlichen Namen Heinrich von Meißen.

Groß war die Verehrung, welche die Frauen des goldenen Mainz dem Sänger zollten. Dies zeigte sich während seines Lebens, noch mehr bei seinem Tode. Unsagbar war die Trauer des dankbaren Geschlechtes, als die Kunde sich verbreitete, dass des vielgeliebten Minnesängers Mund für immer verstummt sei. Es ward vereinbart, dem Toten eine Ehrung zu bezeugen, wie sie weder vorher noch nachher einem Dichter widerfahren ist. Zahllos war das Gefolge, überaus zahlreich die Frauenschar, die in wallenden Trauergewändern Herrn Heinrich geleitete und für sein Seelenheil betete. Acht der Schönsten trugen den Sarg, der überschüttet war mit duftenden Blumen. Aus Frauenmund klangen an des Minnesängers offener Gruft die Grabgesänge, und köstlichen Rheinwein, der ihn gar oft zu herrlichen Liedern begeistert, gossen zarte Frauenhände auf seine Ruhestätte. Köstlicher noch als jene Gaben trauernder Verehrung sind die Tränen gewesen, die an jenem Tage viele schöne Augen um den toten Sänger vergossen haben.

Noch heute erblickt der Wanderer im alten Mainzer Dom des liederkundigen Meisters Grabmal. Eine edle Frauengestalt aus milchweißem Marmor legt einen Kranz nieder auf den Sarg des Sängers, der Frauenlob in unvergessenen Liedern gesungen hat.

Mainz

Bischof Willigis

Um das Jahr Eintausend hatten die Mainzer einen frommen Kirchenfürsten, das war Bischof Willigis. Der ist eines Wagners Sohn gewesen und war nur durch eiserne Willenskraft und eigenen Wert zur Würde des Reichsprimas gestiegen. Die biedern Bürger von Mainz liebten und verehrten den aufrechten Gottesmann sehr; den stolzen Stiftsherren und steifen Patriziern indes war es höchst unbequem, sich vor dem zu beugen, der in der Hütte eines Wagenbauers jung gewesen. Waren auch etliche drunter, denen der Bischof eines Tages mit mildem Ernst verwies, dass sie auf ihre Vorfahren gar zu sehr pochten. Das verdross die hochnäsigen Herren, und eines Nachts verübten sie einen Schalksstreich an den Gemächern ihres geistlichen Herrn. Malten ihm mit Kreide riesige Räder an alle Türen.

Als der Bischof frühmorgens nach dem Dom zur Messe schritt, erblickte er der Spötter ungeziemendes Werk. Stumm sah er auf die Räder; doch vergebens harrte ängstlich sein Kaplan, der neben ihm stand, dass des geschmähten Kirchenfürsten heftiger Zorn in scharfen Worten sich entfesseln werde. In behagliches Lächeln gingen gar des Bischofs gelassene Züge über. Dann gebot er, einen Maler zu rufen, und als dieser erschien, befahl er ihm, alldort, wo die Spötter die Kreideräder gemalt hatten, in flammenroten Feldern weiße Räder zu malen, sichtbar für jedermann, und darunter das Sprüchlein zu setzen:

»Willigis, Willigis,
Denk', woher du kommen bis!«

Aber noch weiter ist seine verstehende Nachsicht gegangen; ein Pflugrad hat ihm der Wagner fertigen müssen, und dieses hat er über seinem Lager anbringen lassen, um seiner niederen Herkunft stets eingedenk zu sein.

Seit jenem Tag sind die Spötter allesamt verstummt. Die Mainzer aber haben mit noch größerer Liebe an ihrem Bischof gehangen, der bei aller Würde so schlichten Sinn bewahrte. Die weißen Räder in rotem Feld führen seither die Bischöfe von Mainz in ihrem Wappen.

Frankfurt a. M.

Der Schelm von Bergen

Krönungsfeier in Frankfurt. Großen Mummenschanz hat man im Römer veranstaltet zu Ehren des Kaisers; Frauen und Fürsten wetteifern im festlichen Schmuck. Frohe Festesfreude liegt über dem wogenden Treiben; nur einer unter den zahlreichen Gästen fällt auf durch seinen sinnigen Ernst und seine gemessene Würde. Schwarz war seine Rüstung, schwarz auch die wallende Feder über dem geschlossenen Visier. Niemand kennt ihn. Nun naht er mit edlem Anstand der Kaiserin, beugt das Knie und bittet um einen Tanz. Und die hohe Frau, bezwungen von so viel Hoheit, reicht ihm ihre Hand. In zierlichem Tanz schwebt er dahin mit der Königin des Festes, und wiederum geht ein Raunen durch den Kreis der Fürsten und Frauen –, hier mehr als dort –, wer er sei, der schwarze Ritter.

Die Herrscherin war entzückt von dem gewandten Tänzer sowie der Anmut seiner Unterhaltung und gewährte ihm einen zweiten und dritten Tanz. Stärker wuchs die Neugier um den vermummten Ritter. Unterdes schlug die Stunde, wo jeder verpflichtet war, die Maske zu lüften. Mehr wie alle andern drängte es die Kaiserin, ihren Tänzer kennenzulernen. Er aber zauderte, sträubte sich sogar, bis sie schmollend ihm befahl, das Visier zu öffnen. Gehorsam, doch unfroh tat es der Kavalier; niemand aber kannte ihn. Da drängen sich zwei Hauptleute vor, die draußen mit ihren Hellebardieren machen; sie erkennen den geheimnisvollen Tänzer, und ein einstimmiger Schrei, Entrüstung und Entsetzen zugleich, bricht aus der dichtgedrängten Menge.

»Der Scharfrichter von Bergen!«

Also hatten ihn die beiden bezeichnet. Zornglühend befahl der Kaiser, den schamlosen Frevler, der die Kaiserin entwürdigt und die Krone beschimpft hatte, der schwersten Strafe zu überliefern.

Da wirft sich jener vor dem Herrscher auf die Knie und hebt unverzagt das Haupt.

»Ich habe gefrevelt, Herr,« spricht er frei, »an dir und deiner erlauchten Gemahlin. Den Schimpf, den ich ihr angetan, wäscht nicht mein Blut ab. Darum wolle, Kaiser, von deinem Knecht das Mittel anhören, womit jene Schmach getilgt werde: gib mir den Ritterschlag, und die Schmach ist gelöscht. Ich aber werfe jedem den Handschuh hin, der es wagt, jemals unehrerbietig von meiner Herrin zu sprechen.«

Sinnend steht der Kaiser. Aller Augen schweifen von ihm zu dem kühnen Mann.

»Du bist ein Schelm,« spricht er nach einer Weile, »aber deine Rede zeugt von Klugheit, wie dein Vergehen von Mut. Wohlan« –, und sein Schwert berührt des Knienden Nacken –, »erhebe dich als Ritter. Ein Schelmenstück war deine Tat; Schelm von Bergen sei dein künftiger Name.«

Ein jubelnder Heilruf brauste durch den Saal, und nochmals schwebte der neue Ritter in zierlichem Tanz daher mit der schönen Königin des Festes.

Fleißige Forscher haben festgestellt, dass zur Zeit der fränkischen Kaiser, sowohl im Jahre des Heils 1090 als auch 1102, erstmals ein Eberhard Schelm von Bergen in Urkunden genannt wird. Fast achthundert Jahre lässt das uralte Geschlecht sich dann verfolgen. Im Jahre 1844 starb auf seiner Besitzung in der Wetterau der letzte Schelm von Bergen. Viele andere Schelme aber leben noch.

Kloster Eberbach

Die Weinzungen

Wenn du, Leser, auf der Schifffahrt im sonnigen Rheingau das alte Städtchen Eltville, vormals der Sommersitz der Mainzer Erzbischöfe, berührt hast, erblickst du zur Rechten hinter Hattenheim auf waldiger Höhe die ehemalige reiche und berühmte Zisterzienser-Abtei Eberbach, das Kleinod mittelalterlicher Klosterbauweise. Wer in Wiesbadens näherer und weiterer Umgebung herumstreifte, wird niemals unterlassen haben, diese Stätte aufzusuchen, in deren achthundertjährigen Mauern viele Mainzer Erzbischöfe, rheinische Grafen, so die von Katzenelnbogen, daneben auch zahlreiche Mönche, ihre letzte Ruhestätte fanden. Wo heute noch berühmte Gewächse der mauernumhegten Klosterweinberge, wie Steinberger Kabinett, in den Abteikellern lagern, hatten schon zur vorerwähnten Zeit ehrwürdige Klosterherren den Rebensaft der umliegenden Höhen gekeltert. Wenn die unerbittliche Geschichte gestehen muss, dass der Gründer der Abtei, Erzbischof Adalbert von Mainz, das von ihm gegründete Kloster nach kaum einem Jahrzehnt wieder aufhob, weil die

Mönche entarteten, so weiß die Sage zu berichten, dass die regulierten Chorherren von Eberbach nicht sowohl mit weltlichem Sinn, als auch mit ausgezeichneten Weinzungen bedacht waren.

Sahen da eines Tages zwei von ihnen vor den gefüllten Kannen und kosteten befriedigt aus einem Fass den edlen Inhalt, der schon weiland den König David zu frommen Harfentönen angeregt hat. Der Trunk mundete zwar dem einen wie dem andern ausgezeichnet; doch fanden sie beide, es habe die vortreffliche Sorte einen leichten Beigeschmack. Und zwar glaubte der erste einen metallischen Beigeschmack vorzufinden; seines Konfraters prüfende Zunge indes vermeinte aus dem Wein etwas wie Leder herauszuschmecken.

Kopfschüttelnd standen die Zwei vor des Fasses ansehnlicher Rundung und füllten ein andermal die beträchtlichen Kannen. Wiederum glaubte der eine das Metall, der andere das Leder herauszuschmecken. Mit wahrhaft tiefgründigem Eifer, den des Weines Glut zusehends erwärmte, verstiegen die Beiden sich zu einer dritten und weiteren Kannen.

Und mit wachsender Beharrlichkeit versteifte der eine sich auf den Eisen-, der andere auf den Ledergeschmack der vortrefflichen Sorte. Um der befremdlichen Sache in des Wortes voller Bedeutung auf den Grund zu gehen, leerte das wissensdurstige Paar das Fass bis auf den letzten Tropfen.

Und siehe da, auf dem Boden erblickten ihre weinseligen Äuglein einen winzigen Schlüssel, an einem Lederriemchen befestigt. Des Bruder Kellermeisters unsicheren Händen war er –, wie und wann, wusste jener selber nicht –, entfallen. Da blinzelte das ehrwürdige Brüderpaar einander schmunzelnd an, und während sie mit vorsichtigen Schritten ihre Zellen aufsuchten, war sowohl der, welcher den Eisengeschmack, als auch jener, der den Ledergeschmack herausgefunden, ob seiner feinfühligen Weinzunge recht befriedigt.

Johannisberg

Der Johannisberger

I

Soweit die deutsche Zunge klingt und noch viel weiter kennt man ihn, den Johannisberger, und nennt man die besten Namen, dann wird auch der seine genannt, des Königs aller Rheinweine. Alle Freunde des rheinischen Rebensaftes kennen ihn, wenige allerdings genießen ihn in seiner fürstlichen Echtheit. Fürstlich ist er, nicht darum, weil Fürstenhand den Schlüssel zum Johannisberg hält, sondern vielmehr, weil Fürstenhand ihn hineinverpflanzt hat in den gesegneten Rheingau. Und jener gekrönte Geber ist niemand Geringerer gewesen als der große Karl, der gewaltige Beherrscher des Frankenreiches.

Stand er einst –, im Frühlenz war's –, auf dem Söller seines Ingelheimer Schlosses und ließ die Blicke schweifen auf das wunderherrliche Land zu seinen Füßen. Schnee war über Nacht gefallen, und ein schimmerndes Gewand deckte die Rüdesheimer Halde. Wie des Kaisers Auge sinnend auf der weißen Landschaft ruhte, da sah er, dass der Schnee vom Rücken des Johannisberges schneller schmolz unter dem Sonnenstrahl als ringsum. Der große Karolus, der als echter deutscher Kaiser auch ein tiefer Denker war, vermeinte, dass allda, wo solche segnende Sonnenglut falle, auch etwas Besseres als Gras gedeihen könne.

Beschied all sogleich den grauen Kronrat, seinen getreuen Knappen, zu sich und hieß ihn im Frühlicht des kommenden Tages das Ross satteln und hin reiten nach Orleans, der Stadt des edlen Weines. Den braven Bürgern möge er zu wissen tun, dass der Kaiser ihren vortrefflichen Wein noch in gnädigstem Andenken bewahre und es gern sähe, ein so vieledles Gewächs am Rhein zu besitzen, weswegen die getreuen Bürger von Orleans etliche Weingärtner nach dem Rheingau schicken möchten.

Also machte der kundige Königsbote sich auf den Ritt, und noch ehe der Mond seinen Kreislauf beendet hatte, war er wieder im Kaiserschloss zu Ingelheim. Dort herrschte darob allseits Befriedigung. Karolus selber, der große Kaiser, fuhr im Schiff nach Rüdesheim und pflanzte mit höchsteigener Hand die erste fränkische Rebe in rheinische Erde.

Keiner müßigen Laune Spiel war des Kaisers Beginnen gewesen. Sorglich ließ er sich berichten über den Stand der Reben in Rüdesheim und am Abhang des Johannisberges, und als der dritte Herbst ins Land gezogen kam, da kam mit ihm Kaiser Karl von seiner Lieblingsstadt Aachen nach dem Rheingau. Und der Schnitter Jauchzen erklang ringsum in den Rebengeländen von Rüdesheim und Johannisberg.

Feierlich ward die erste Blume der Kelter dem Kaiser kredenzt: ein goldenes Nass in goldenem Pokal. Ein königlicher Wein. Einen tiefen Schluck hat der große Karl getan und verklärten Auges das köstliche Ge-

tränk gepriesen. Sein Lieblingswein ist er geworden, der feurige, mild-
herbe Johannisberger. Das Alter hat er ihm verjüngt. Und was Karolus
Magnus verspürte, das verspürt noch heute ein Jeglicher, dem jenes
Traubenblut im Becher perlt. Soweit die deutsche Zunge klingt und noch
viel weiter kennt man ihn, und nennt man die besten Namen, dann wird
auch der seine genannt, des Königs aller Rheinweine, des Johannisber-
gers.

Wunderschön spinnt sich die Sage weiter: von Kaiser Karl, der seine Reben segnet. Dichtermund hat sie zum Liede gestaltet, und oft hört ihr es
singen an des Rheines Rebengestaden.

In jedem Frühjahr, wenn an den Höhen und in den Hängen am Strom
die Reben blühen und ein zarter Traubenblütenduft die Lüfte erfüllt,
dann wandelt zur Nachtzeit ein hoher Schatten an den Rebengeländen
her. Königlich ist sein Wuchs, der Purpurmantel wallt ihm von den
Schultern, und auf dem Haupt blitzt die Kaiserkrone. Es ist Karl, der
große Frankenkaiser, der vor tausend Jahren die Reben hierhin ver-
pflanzte nach dem besonnten Rüdesheim und an den Rand des Johannisberges. Ihn hat der Trauben köstlicher Duft geweckt aus seiner Gruft
zu Aachen, und er ist gekommen, die Reben, die er gepflanzt hat, zu
segnen.

Milder Vollmondschein erhellt den nächtigen Weg des Kaisers, und bei
Rüdesheim spannt der Mond eine goldflimmernde Brücke über den
Strom. Über sie schreitet der Kaiser, und weiter wallt er an den Hügeln
entlang und spendet den Reben allerorts seinen Segen.

Beim ersten Hahnenschrei kehrt er zurück in seine Gruft nach Aachen
und schläft weiter seinen vielhundertjährigen Schlaf, bis im kommenden
Jahre aufs Neue der Duft der Trauben ihn weckt zur nächtlichen Se-
genswanderung im traubenduftumwobenen Rheingau.

Lass nun noch, mein Leser, als dritte im Bunde, eine feuchtfröhliche Sage
gelten, die von den Mönchen des Johannisberges erzählt wird. Kam da
einst unerwartet der hohe Abt von Fulda, um das Kloster auf dem Johannisberg zu visitieren, gerade als die reifen Reben an den Stöcken hingen. Der hochwürdige Abt erkundigte sich nach diesem und jenem, zeigte sich höchst befriedigt von dem Wandel der wackeren Mönche und lud
endlich zum Zeichen seines ungeteilten Wohlwollens den gesamten
Konvent zu einem Abendtrinken ein.

»Der Wein erfreut des Menschen Herz.« Also mit des frommen Königs David tiefbedeutsamem Ausspruch hub der Abt zu sprechen an. »Gottes milde Hand wird euren Rebenstöcken auch im künftigen Herbst gnädig sein. Lasst uns deshalb, ihr Brüder, etliche Fläschlein in Maß und Würde frommen. Gut abgelagert, denk' ich. Doch ehe wir uns laben an Gottes edler Gabe, nehmt euer Brevier und lasst uns mit einem kurzen Gebet beginnen.«

»Brevier?« geht's raunend die Reihe entlang, und in den würdigen Gesichtern blinzeln die Äuglein in hilfloser Verlegenheit.

»Ja, das Brevier!« Und des weisen Abtes gefurchtes Antlitz misst schweigend die Klosterbrüder.

Sie suchen und suchen.

Mählich schwinden die Falten in des Abtes Angesicht, und huscht nicht gar ein verstehendes Lächeln nachsichtig über die verwitterten Züge?

»Lasst das jetzt! Trinken wir.« Und behaglich entnimmt er dem Bruder Kellermeister die bestaubte Flasche. »Weiß Gott! Den Stöpselzieher hätte ich wohl mitnehmen können all hier zum Rhein.« Launig meint's der freundliche Herr, nachdem er seine Taschen betastet.

»Der Stöpselzieher?« Im Nu fährt's in alle Taschen, und vor des Abtes erstaunten Augen tauchen so viele Korkzieher auf, als Brüder im Umkreis stehen.

Da flog ein Schimmer milder Heiterkeit über des Abtes faltiges Antlitz. »Bravo, ihr frommen Herren! Welch reicher Segen an Stöpselziehern! Guckt nicht verlegen, lasst's euch für heute nur nicht verdrießen. Morgen aber ... doch denken mir wie weiland König David.«

Und laut knallte die erste entkorkte Flasche.

Ingelheim

Eginhard und Emma

I

Es ist eine alte, rührende Geschichte, die ich erzählen will, und was sie vor andern voraus hat, das ist ein Körnchen geschichtlicher Wahrheit.

Zu Ingelheim, einem schmucken Städtchen im rebengesegneten Rheingau, erhob sich voreinst ein stolzer Marmorpalast, die berühmte Karo-
lingische Kaiserpfalz. In jene weltferne, glückatmende Einsamkeit zog
sich der große Frankenkaiser Karl gern zurück, nur begleitet von seinen
treuesten Vasallen und den Mitgliedern seiner Familie. Unter den Auser-
lesenen fehlte nie Eginhard, des Kaisers Sekretär. Obgleich noch jung,
war er wegen seines umfangreichen Wissens bei Karl hoch angesehen
und erfreute sich der besonderen Gunst seines Gebieters. Der stille Ge-
lehrte, dessen ernstes, frauenhaftes Jünglingsantlitz sich alle Male aus
der Schar der wetterfesten Kriegsmannen abhob, gefiel den Frauen des
kaiserlichen Hofes nicht minder.

Karl hatte den Geheimschreiber in seine Familie eingefühlt und vertraute
ihm die Unterweisung seiner Lieblingstochter Emma an, dazumal bekannt als die schönste Dame ihrer Zeit. Sie war die Tochter der Ghis-
monda. Aus ihren Augen, dunkel wie der Fittich der Raben, glühte das
heiße Empfinden ihrer italischen Mutter. Bald fühlte der jugendliche
Lehrer sein Herz entflammen an jenen Südlandsblicken, und die Schreib-
und Lesestunden folgten einander Tag um Tag.

II.

Jedes liebte und sah sich wortlos wiedergeliebt vom andern. Es war ihre
erste Liebe.

Er hätte solchen Ausgang ahnen müssen, der große Karl, als er den jungen Gelehrten mit dem frauenhaften Antlitz der jugendlichen Tochter
mit den dunklen Glutaugen übergab. Er hätte es ahnen müssen.

In stiller Nachtstunde, wenn Schlaf auf allen Lidern lag, schlich Eginhard
in das Gemach der geliebten Emma. Dann lauschte die Tochter Karls des
Großen den zarten Erzählungen des zum Dichter gewordenen Gelehrten. Sie irrte beseligt in einem blühenden Rosengarten, dessen Dornen
ihre jugendliche Unbedachtsamkeit nicht sah. Eginhard besaß wohl ein
zärtliches Herz, doch rein wie Sternenlicht war die Flamme seiner Liebe
zu der Tochter seines hohen Herrn; keine ungezügelte niedere Leidenschaft trübte ihren unbefleckten Schimmer.

Aber der Schein war gegen sie.

Während einer Herbstnacht befand sich Eginhard wiederum bei seiner
Schülerin. Der große Palast war in Dunkelheit gehüllt. Kein Stern leuch-

tete am Himmel. Stunden gestillter Sehnsucht verrinnen rasch. Im Augenblick, wo Eginhard das Gemach verlassen wollte, bemerkte er, dass der Schlosshof drunten mit einer frischen Schneedecke überzogen war.

Unmöglich war's, ihn zu überschreiten, ohne Fußspuren zurückzulassen. Dennoch musste er sein Zimmer drüben gewinnen. Was tun?

Liebe war stets erfinderisch.

Nach kurzem Nachdenken kamen beide zu einem Entschluss, den seither ungezählte Dichter besungen haben. (Wäre ich ein Dichter, auch ich würde ihn besingen.) Das zarte Mädchen nahm den geliebten Mann auf den Rücken und überschritt mit ihm den Hof. In den glitzernden Schnee zeichnete sie die Spuren von zwei zierlichen Füßchen.

Karl der Große wachte noch zu dieser Stunde. Schwere Sorgen über sein Riesenreich bannten den Schlaf aus seinem sinnenden Haupt. Am Fenster lehnte er und schaute in die Nacht. Da gewahrte er einen Schatten, der den Hof überschritt. Er beugte sich vor und erkannte Emma, seine Lieblingstochter, auf dem Rücken –, Karl starrt weitoffenen Auges –, einen Mann tragend, und dieser Mann –, ein leiser Schrei aus Karls Mund –, war Eginhard, sein Günstling. Im Herzen des Kaisers kämpften Schmerz und Zorn. Er wollte hinunterrasen, die Pflichtvergessenen zu töten. Er bezwang sich. Unfassbar wäre die Schmach: Kaiserstochter und Schreiber. Ertappt vom Herrscher von Millionen auf dem Buhlgang. Ein tiefer Seufzer presste sich aus seiner mächtigen Brust. Er trat zurück in sein Zimmer, und als das Frühlicht durch die Scheiben blickte, sah es in sein grambewegtes Antlitz.

III.

Am andern Morgen versammelte der große Karl seine Räte. Die alten Getreuen entsetzten sich bei seinem Anblick. Falten furchten seine Stirn, Gram nistete in seinen durchwachten Zügen. Eginhard vor allem betrachtete seinen Gebieter mit gedrückter Scheu. Karl erhob sich und sprach:

»Was verdient eine königliche Prinzessin, die zur Nachtzeit einen Mann aufnimmt in ihre Gemächer?«

Die Räte betrachteten sich sprachlos. Eginhards Angesicht aber wurde totenbleich. Die Getreuen suchten nicht lange, um den Namen jener

Fürstentochter zu finden. Verlegen berieten sie eine Zeit; dann nahm einer das Wort:

»Majestät, bei Vergehen der Liebe sei das schwache Weib stets der Milde empfohlen.«

»Und was verdient ein Günstling des Kaisers, der sich des Nachts in die Gemächer einer königlichen Prinzessin hineinschleicht?«

Funkelnden Auges wandte sich der eiserne Karl an seinen Schreiber. Eginhard zitterte leicht, und das frauenhafte Antlitz ward noch bleicher. Verloren! murmelte er. Dann, sich hoch aufrichtend:

»Den Tod, mein Herr und Kaiser!«

Karl der Große betrachtete den Jüngling voll geheimer Bewunderung. Vor dieser furchtlosen Selbstanklage schmolz der Zorn in seiner Seele und machte mildern Regungen Platz. Schweigen folgte der Antwort des Geheimschreibers. Wenige Augenblicke später verabschiedete der Kaiser die Räte. Eginhard machte er ein Zeichen, ihm zu folgen.

Stumm voranschreitend, führte ihn Karl in sein Arbeitszimmer. Die zweite Tür öffnete sich; Emma erschien, von ihrem Vater gerufen. Ihr Antlitz verfärbte sich, als sie den finstern Blick des Kaisers und die kummervollen Züge des Geliebten erschaute. Sie begriff sofort alles, und mit einem Wehruf stürzte sie dem Vater zu Füßen.

»Gnade, mein Vater! Wir liebten uns so sehr!« Und ihre großen Augen weiteten sich flehend.

»Gnade!« murmelte auch Eginhard und beugte das Knie. Der Kaiser blieb stumm. Dann begann er zu sprechen, zuerst hart und schroff. Mählich, unter dem Schluchzen seines Lieblingskindes, milderten sich seine Worte.

»Weil ihr euch liebt –, seltsam betonte er das Wort –,, will ich euch nicht trennen. Ein Priester soll euch vereinen, und das nächste Morgenrot findet euch nicht mehr hier.«

Die Tür schloss sich hinter ihm.

Schmerzversunken, des Inhaltes der Worte nur halb bewusst, kniete das schöne Mädchen. Eine weiche Stimme ließ es zusammenschauern. Sanft zog Eginhard sie an sein Herz.

»Weine nicht, Geliebte,« flüsterte er; »indem dein Vater, mein Gebieter, dich von sich stieß, hat er uns auf immer verbunden.«

Reichlicher strömten ihre Tränen.

»Komm,« fuhr er bewegter fort, »die Liebe, die alles erträgt, wird uns begleiten.«

Am andern Morgen verließen zwei jugendliche Verbannte das Schloss zu Ingelheim und wandten sich in die Richtung nach Mainz.

IV.

Jahre schwanden.

Der große Karl hatte den Krieg in die Sachsenwälder getragen. Er hatte auf sein Haupt die Krone der Römer gesetzt, und die Welt war erfüllt von seinem Ruhm. Dennoch war sein Haar frühzeitig gebleicht und sein Herz gealtert. Ein traurig-schönes Bild wob sich seit Jahren in seine Gedanken und wehrte sich gegen jegliches Abschütteln.

Am Abend, wenn die untergehende Sonne in der Marmorpracht des Königsschlosses sich spiegelte und ihre letzten Strahlen das hohe Gemach des Frankenherrschers vergoldeten, dann sah das Tagesgestirn ihn häufig unbeweglich sitzen in dem reichgeschnitzten Armstuhl, das ergraute Haupt in die Hand gestützt.

Trübe Träume spann der Kaiser.

Er gedachte der Tage, die nicht mehr waren. Er gedachte des jungen Mannes, den sein sanftes Wesen, sein frauenhaftes Antlitz zwiefach aus der Schar der wetterharten Kriegsmannen kenntlich gemacht hatte. Mit welchem Feuer hatte er stets die alten Heldengesänge vorgetragen, mit welcher Innigkeit die schlichten Volkslieder und Sagen, die der Kaiser mit regem Eifer sammelte. Wie er dann vorgelesen aus dem grauen Pergament, das er selber zierlich geschrieben, da war gar oft ein dunkeläugiges Mädchen zugegen gewesen, des großen Karl Lieblingstochter. An des Vaters Knie geschmiegt, lauschte es der sanften Stimme des Vorle-

sers, und in seine reinen Augen stahlen sich zuweilen Tränen der Rührung.

V.

Jagdfanfaren durchschmettern die Einsamkeit des Odenwaldes. Karl der
Große und seine Getreuen betreiben das edle Weidwerk. Der alternde
Kaiser, der überall das Kräutlein Vergessen sucht, hat den Jagdspeer er-
griffen, die Hirsche der Wälder zu erlegen.

Er hat sich von seiner Begleitung getrennt und verfolgt eben einen stolzen Hirsch. Schon steht die Sonne tief am Himmel, das gehetzte Tier jagt
auf den Main zu, dessen Fluten durch das Geäst glitzern. Es erblickt den
Fluss, stutzt einen Augenblick und, gehetzt von des Verfolgers Nähe,
stürzt es sich in die Wellen, die es schwimmend durchschneidet. Der
Kaiser erscheint. Erschöpft steht er am Ufer. Nun erst gewahrt er, wie
der Abend ihn unmerklich überraschte in einer Gegend, die ihm gänzlich unbekannt ist.

Vor sich hat er den Strom, hinter sich den Wald. Schon steigen über ihm
die ersten Sterne auf und lugen blinkend vom Himmel. Vergebens sucht
Karl, den rechten Weg längs des Flusses zu finden. Der Wald, den er
soeben durchbrochen hat, scheint undurchdringlich. Zunehmende Nacht
umfängt ihn.

Da glänzt unerwartet ein Licht aus der Ferne. Der Kaiser blickt hin und
schreitet, froh überrascht, der Richtung zu. Eine Hütte winkt, einen
Steinwurf vom Ufer, aus dem gelichteten Gehölz. Durch das erhellte
Fenster gewahrt der königliche Späher ein dürftiges Zimmer.

Vielleicht die Klause eines frommen Mannes, denkt er. Er klopft an der
Tür. Ein blondbärtiger Mann erscheint. Der Kaiser belichtet, ohne sich zu
nennen, dass er sich verirrt habe, und bittet um Obdach für die Nacht.
Bei dem Klang seiner Stimme geht ein Zittern durch den Körper des
Mannes. Er lässt den Kaiser eintreten. Eine junge Frau sitzt auf einem
Schemel und wiegt ein Kind auf den Knien. Beim Anblick des Kaisers
flammen ihre dunklen Augen auf, ihr ernstes Antlitz erglüht. Eilends
begibt sie sich in den anstoßenden Raum, um aufquellendes Schluchzen
zu verbergen. Karl setzt sich nieder, und jede Erquickung des Gastgebers
ausschlagend, stützt er das Haupt müde in die Hände.

Minuten vergehen.

Schläft er?

Nein, Träume spinnt er, trübe Träume.

Er gedenkt der Tage, die nicht mehr sind. Er gedenkt des jungen Mannes, den sein sanftes Wesen, sein frauenhaftes Antlitz zwiefach aus der Schar der wetterharten Kriegsmannen kenntlich gemacht hatte. Mit welchem Feuer hatte er stets die alten Heldengesänge vorgetragen, mit welcher Innigkeit die schlichten Volkslieder und Sagen, die der Kaiser mit regem Eifer sammelte. Wie er dann vorgelesen aus dem grauen Pergament, das er selber zierlich beschrieben, da war gar oft ein dunkeläugiges Mädchen zugegen gewesen, des großen Karl Lieblingstochter. An des Vaters Knie geschmiegt, lauschte es der sanften Stimme des Vorlesers, und in seine reinen Augen stahlen sich zuweilen Tränen der Rührung.

Der Kaiser seufzte auf. Wo weilten die beiden Verbannten? –, Verschollen.

Eine silberne Kinderstimme entriss ihn seinem Brüten. Ein Mägdlein von etwa fünf Jahren, mehr Engel als irdisches Wesen, näherte sich ihm schüchtern und bot dem fremden Gast den Nachtgruß seiner Mutter. Bewegt schaute der Kaiser auf das Kind, das ihm sein Händchen entgegenhielt. Doppelt entzückend wirkte seine unschuldsvolle Schönheit in der düstern Umgebung: ein zartes Pastell in einem dunklen Rahmen.

»Wie heißt du, Kleine?« fragte der Kaiser.

»Emma,« antwortete das Kind.

»Emma!« wiederholte Karl, und eine Träne perlte über seine Wangen. Er zog das Enkelkind an sich und drückte einen Kuss auf seine lockige Stirn.

Eine Bewegung entstand. Zu des Kaisers Füßen lagen der blondbärtige Mann und sein junges Weib und erflehten Verzeihung.

»Emma, Eginhard!« ruft Karl mit zitternder Stimme und umarmt sie tiefbewegt. »Gesegnet sei die Stätte, wo ich euch wiedergefunden!«

Über der stillen Hütte schwebte der Engel des Friedens.

VI.

Emma und Eginhard kehrten in großer Feierlichkeit zum Hofe des Kaisers zurück. Karl schenkte ihnen das Schloss zu Ingelheim, und er fühlte sein Dasein an der Seite seiner wiedergefundenen Kinder sich verjüngen. An der Stelle, wo das weltentrückte Heim der Verbannten in gewollter Waldeinsamkeit gestanden, ließ der Kaiser ein Kloster errichten; später entstand eine Stadt dort. Seligenstadt heißt sie bis auf den heutigen Tag. In der Kirche zu Seligenstadt zeigt man noch das Grab Eginhards und Emmas. Ihre Gebeine wurden, getreu ihrem Wunsche, in demselben Marmorsarg beigesetzt.

Rüdesheim

Die Brömserburg

Im hohen Dom zu Speyer standen mit lauschendem Ohr tausende Mannen im ritterlichen Wappenmantel. Neben dem Hochaltar saß in dem reichgeschnitzten Königsstuhl Konrad der Staufe, faltete die Hände auf dem Schwertknauf und lauschte ingleichen den Flammenworten Bernhards von Clairvaux über die grauenvolle Verwüstung der heiligen Statten des gelobten Landes. Als der heilige Mönch geendet mit erschütterndem Aufruf an den christlichen Bekennermut, da erfüllte wie eine brandende Woge ein einstimmiger Ruf die Wölbung des Domes: »Auf, nach Jerusalem!« Und ungezählte rheinische Ritter entboten dem frommen Kaiser zum Kreuzzug wider die Heiden hilfreiche Wehr. Unter ihnen war Hanns Brömser, der letzte seines Stammes, Herr der Niederburg bei Rüdesheim. Ihn hielt nichts zurück; die Burgfrau ruhte unter dem Stein, und seines Ehebundes einzige Blüte Mechtildis würde den Vater daheim in der Obhut der benachbarten Falkensteiner füglich entbehren, wie er die knospende Maid draußen im syrischen Sand.

So zogen die frommen Streiter auf mühseligen Pfaden in jenes entweihte Land, wo unser Herr und Heiland lebte und litt. Manches Edlen Augen sind allda im Kampf gegen die Sarazenen erloschen; manchen traf noch ein härteres Los, der lebendige Tod in der schmachvollen Gefangenschaft der Ungläubigen. Auch Ritter Brömser geriet nach einer verlorenen Schlacht in die Hände der Türken und litt in einem elenden Verlies unrühmliche Haft. Gleich einem Arbeitstier ließ der Pascha den ritterlichen Gefangenen einen Mühlstein treiben. Tag um Tag verging, und in steigender Qual duldete der Ritter den harten Hohn seiner Feinde. Dann tat er in einer Stunde tiefster Kümmernis voll heißer Glaubensinbrunst dem Herrn das feierliche Gelübde: »Gib mir die Freiheit wieder, und ich gelobe dir mein einziges Kind Mechtild, dass es die Klosterregel wähle.« Und er wiederholte den heiligen Schwur ein andermal und zum drittenmal.

Da geschah, was keiner der Waffengefährten jemals gehofft hatte: die Kreuzritter stürmten das Türkenschloss in der Sandwüste Syriens und befreiten ihre Glaubensgenossen aus drangvoller Kerkerschmach. Voll Dank gegen Gott lieh Hanns Brömser aufs Neue der heiligen Sache seinen erprobten ritterlichen Arm.

In der Heimat hatte derweil auf gastlicher Felsenburg eine Jungfrau in benommener Erwartung der Rückkehr des Vaters geharrt. Oft war sie in stillen Stunden, Blütenduft und Sonnenschein um sich und in sich, droben auf dem Söller gestanden, hatte verträumt ins blaue Land geschaut und dem Klopfen ihres jungen Herzens gelauscht, in dem die Knospen der ersten Liebe schwellten.

Dann ist über Nacht der Ritter in die rheinischen Lande zurückgekehrt.

Im moosbehangenen Burghof umhalste ihn Mechtildis lang und schweigend. Neben der Siebzehnjährigen stand des Falkensteins Jungherr, der verneigte sich tief vor dem heimkehrenden Herrn und begrüßte ihn leise mit den Worten: »Heil Euch, Vater!« Da trübte die Willkommensfreude des Ritters ein jähes Erinnern.

In dem reichgeschmückten Prunksaal feierte Hanns Brömser, umgeben von seinen Getreuen, die gesegnete Heimkehr. Laute Genugtuung herrschte im Kreis der Kreuzfahrer; männiglich lauschte der Kunde von den Fährnissen, welche die Helden bestanden hatten. Wie er als Gottesstreiter gekämpft und als Gefangener der Heiden gelitten, erzählte dem lauschenden Kreis der Ritter mit lebendigem Mund. Dann sank der Ton seiner Stimme, und mit feierlichen Worten tat Hanns Brömser den Versammelten das Gelübde zu wissen, das er in tiefster Kümmernis im Heiligen Land abgelegt hatte.

Da tönte ein leiser Schrei durch das hohe Gemach, und des Ritters Töchterlein, weiß wie das Linnen der Tafel, sank leblos auf den Estrich. Der Falkensteiner Jungherr, Blitze in den Augen und Flammen auf den Wangen, erhob sich, straffte den schlanken Körper und sprach mit fester Stimme: »Mechtildis gehört mir, dem sie sich angelobt hat in feierlicher Stunde für immer!«

Dem Gemurmel der Gäste gebot mit gefurchter Stirn Schweigen der Burgherr. »Dem Himmel ist Mechtilde unabänderlich angelobt, nicht dir, Knabe. So schwur und hält es der letzte Brömser!« In verhaltenem Unmut rief es barsch der Ritter, und beklommen gingen die raunenden Gaste auseinander.

In ihrer Kemenate lag in wildem Jammer Mechtilde. Zuckend warf das Lämpchen am Kruzifix fahlen Schimmer auf die Hingestreckte, die die schleichenden Nachtstunden mit dem Liebesweh ihres jungen Herzens abmaß. Erdrückend wie Kerkermauern deuchten der fassungslosen Maid die teppichbehangenen Wände des dämmernden Gemaches. Auf vielgeschichteter Wendeltreppe eilte sie, die Lichtpfanne in der zitternden Hand, hinauf zum Söller und vertraute ihrer jungen Seele unstillbares Leid der schmerzlindernden Nacht.

An die Mauerscharte gelehnt, starrte sie mit blutleerem Antlitz hinüber nach der Felsenburg, wo der hochgemute Freier weilte, dem sie sich für immer angelobt hatte.

»Liebster mein!« schluchzte es in die Nacht. Droben gingen keine Steine; rauer Herbststurm begleitete den Herzenssturm der Jungfrau und umfauchte mit mächtigem Flügelschlag jählings die Feste.

Ein Schrei ist dann erklungen, kurz und schrill. War es die Windsbraut oder eines Menschen Schrei? Die Nacht verschlang ihn. Vom Söller der Brömserburg ist ein Frauenleib zur schaurigen Tiefe herabgestürzt in die dunklen Fluten des Rheines.

Ein strahlender Herbstmorgen folgte der stürmischen Nacht. Vergebens hat man droben in der Brömserburg nach Mechtilde, des Burgherrn Töchterlein, gesucht. Drunten aber haben sie in der Morgenfrühe ein Mägdlein aus dem Wasser gefischt, deren Augen waren erloschen für immer. Ein Zug von Leidtragenden bewegte sich dann nach der Burg hinauf, und deren Wände hallten wider vom Wehklagen vieler über die frühgeknickte Blume, das letzte Reis am Brömserstamm. Hanns Brömser hat sich auf die Leiche geworfen und sein bärtiges Gesicht in den Falten des schneeigen Gewandes vergraben, lautlos und lang. Keine Träne taute an seinen Wimpern.

Für die Seelenruhe der Tochter, die die Klosterregel nicht erwählen wollte, tat er in tiefster Kümmernis ein neues Gelübde, ein Kirchlein zu bauen auf dem Hügel gegenüber seiner Feste. Hat sich dann eingeschlossen in sein Gemach, und in trübem Hinbrüten die kommenden Tage verbracht, bis frisches Erdreich sich wölbte über der Gruft seines unseligen Kindes.

Monate vergingen seitdem; aber noch war kein Spatenstich getan am Bau der gelobten Sühnekapelle. Verbittert hat Hanns Brömser sich immer mehr abgesondert von der Welt in grübelnder Vereinsamung. Da ist eines Tages einer seiner Knechte vor ihn hingetreten mit einem Bildnis der Mutter Gottes; das hatte ein Stier beim Pflügen auf dem Hügel der Burg gegenüber aus dem Ackerboden gescharrt, und der Knecht hat dreimal »Not Gottes!« rufen hören. Da hat Hanns Brömser seines Gelübdes wieder gedacht und ungesäumt das dem Herrn gelobte Kirchlein bauen lassen für die Seelenruhe Mechtildens. Not Gottes hat er es benannt, und so heißt es bis heute.

Bingen

Der Mäuseturm

Unterhalb Bingen liegt mitten im Strom auf einem winzigen Eiland eine turmartige Feste, der Mäuseturm. Seit Jahrhunderten ist mit ihm eines Mainzer Erzbischofs Name in düsterer Weise verknüpft, jenes finstern Hatto, den die Sage eines furchtbaren Frevels angeklagt und dadurch verfemt hat am ganzen Rheinstrom und weit in die Lande.

Ein ehrgeiziger, herz- und treuloser Mann soll er gewesen sein, ein grausamer Herr seiner Untertanen. Hohe Steuern erpresste er ihnen, Zölle legte er ihnen auf und ersann zahllose Lasten, seiner Herrschsucht und Prunkliebe zu frönen. Zwischen Bingen und Rüdesheim ließ er im Rhein den festen Turm erbauen und nötigte alle Schiffe, die talwärts fuhren, zur Entrichtung eines drückenden Zolles. Bald darauf suchte ein Misswachs das Mainzer Land heim. Dürre und Hagel vernichteten die Saaten, und die Teuerung ward umso fühlbarer, da Erzbischof Hatto große Getreidevorräte angekauft und in seine Speicher verschlossen hatte. Die Hungersnot wurde erschrecklich; vergebens flehten die Unglücklichen den grausamen Herrn an, den Kornpreis seiner aufgespeicherten Frucht herabzusetzen. Wohl drangen seine Räte in ihn, dass er sich des Elends erbarme; doch Hatto blieb ungerührt, und als der steigende Jammer und die Hartherzigkeit des Gebieters Erbitterung erregten und murrende Stimmen sich erhoben unter dem heimgesuchten Volke, da setzte Hatto seiner Grausamkeit die Krone auf.

Eines Tages drang eine Volksmenge in den erzbischöflichen Palast und flehte den Erzbischof, der just an schwelgerischer Tafel saß, um Nahrung an. Er aber hatte gerade zu seinen Tischgenossen geäußert, es wäre besser, das faule Bettelpack käme durch irgendeine rasche Art von dieser Welt; so sei es aller Not und er der lästigen Quälgeister enthoben. Wie nun die zerlumpten Haufen, Männer, Weiber und Kinder mit hohlwangigen, bleichen Gesichtern sich vor ihm niederstürzten und um Brot schrien, zuckte es plötzlich in seinen Augen auf. Er winkte ihnen mit erheuchelter Huld, versprach ihnen Korn und ließ sie hinausführen in eine Scheune vor die Stadt, wo sie Korn erhalten sollten, so viel ein jeder bedürfe. Voll freudigen Dankes eilten die Unglücklichen hinaus; als aber alle drinnen waren, ließ Hatto das Scheunentor schließen und die Scheune anzünden.

Groß war das Gewinsel der Ärmsten. Bis zum Bischofspalast soll das Geschrei gedrungen sein. Der grausame Hatto aber rief in frevelhaftem Spott seinen Räten zu: »Hört, wie die Kornmäuse pfeifen! Nun hat das Betteln ein für alle Mal ein Ende. Mich sollen die Mäuslein beißen, wenn's nicht wahr ist.«

Fürchterlich aber traf ihn die Strafe des Himmels. Aus der brennenden Scheune schlüpften Tausende von Mäusen, nahmen ihren Weg schnurstracks zum Palast, erfüllten alle Gemächer und fielen selbst den Erzbischof an. In ungezählten Scharen huschten sie durch seine Räume, und ob seine Diener zahllose der gierigen Nager vertilgten, immer größer ward ihre Zahl, immer drohender ihre Gier. Grauen packte den Erzbischof, und Gottes Strafgericht ahnend, floh er aus der Stadt auf ein Schiff, um sich der wütenden Bisse seiner Verfolger zu erwehren. Aber die untilgbare Schar schwamm in Legionen ihm nach, und als er verzweifelnd den Zollturm bei Bingen erreichte, vermeinend, in der stromumspülten Inselfeste sicher zu sein, da folgte ihm das ungeheure Heer der Mäuse auch hierhin, grub sich mit scharfen Zähnen den Zugang in den Turm und erreichte bald den, welchen es verfolgte, obgleich er sein Bett an Ketten aufrichten ließ.

Er ist ihnen auch unterlegen, der Grausame. Soll zum Schluss in heller Verzweiflung seine Seele dem Bösen verschrieben haben, wenn er seinen Leib erlöse, und im Höllenbrand soll der Satan dazwischen gefahren, den zuckenden Leib befreit, die Seele aber für sich genommen haben am dritten Tage.

Also vermeldet die Sage. Gerechter und milder spricht ihre Schwester, die Geschichte, über Hatto, den geschmähten Erzbischof von Mainz. Sie tadelt nur eines an ihm, seine Herrschsucht. Diese erwarb dem Mainzer Stuhl jene weltliche Macht, durch die er später der erste Bischofssitz des Reiches wurde. Den Mainzer Bürgern mochte dies nicht unangenehm sein, aber tief verhasst war vielen der harte, herrische Geist dessen, der sie begründete, und weil er überdies der Erbauer jenes Zwingers im Strombett war, von dem aus er alle vorüberfahrenden Schiffe des Zolles wegen untersuchen ließ –, durchmausen, *mûsen*, sagten unsere Altvordern und sagt die rheinische Mundart noch heute –, so mag dieser Mäuseturm, vereint mit dem Groll eines unterdrückten Volkes, jene grässliche Sage hervorgerufen haben, die aus Chronistenpflicht verzeichnet sei.

Burg Rheinstein

Die Brautwerbung

Auf Rheinstein hat einst in ungebändigter Fehdelust ein Rittersmann gehaust, Diethelm geheißen. Der hatte von einem Beutezug ein zierliches Mägdlein mit nach Hause gebracht, Jutta mit Namen. Wie weicher Efeu sich um die knorrige Eiche schlingt und seine raue Rinde in schimmernden Samt verwandelt, so hat dieser Jungfrau frauliches Gebaren aus dem rauen Recken nach Jahr und Tag einen mannhaften Ritter gemacht, der Räubereien und Gelagen entsagte und der schönen Jutta als Lohn ihrer Tugend und Anmut die Hand zum ehelichen Bund reichte.

Der jungen Liebe erste Frucht kostete der zarten Mutter das Leben; aber Gerda, der Heimgegangenen verjüngtes Ebenbild, wuchs zu hoher Schönheit heran. Frühzeitig meldeten sich Freier von nah und fern, die des alternden Diethelms knospende Tochter zur Gattin begehrten. Aber der Rheinsteiner hielt peinliche Auswahl unter den Bewerbern, und manch einer zog betrüblich mit einer Absage von dannen.

Einer aber war sowohl der Maid nicht unlieb als vom Alten wohl gelitten, Helmbrecht, der älteste Spross auf Sternburg. Der Jüngling hatte es verstanden, das Herz der Jungfrau zu gewinnen, und eines Tages, da er zum Turnei auf Rheinstein weilte und Gerda vom Polster des Gestühls mit der ringgeschmückten Rechten den Rittern im Burghof anmutvoll den Frauendank spendete, gestand ihr Helmbrecht seine Liebe. Etliche Tage darauf beauftragte der Jungherr höfischer Sitte gemäß seinen Ohm Gunzelin von Reichenstein mit der Werbung. Aber Gunzelin war trotz seines Alters voll Tücke und Falschheit. Statt für seinen Neffen warb er bei Gerdas Vater für sich, und dieser zauderte nicht, dem Ritter aus dem vornehmen Geschlecht mit namhaftem Gut sein Jawort zu verpfänden.

Zu beider Staunen wollte die Tochter von dem reichen Freier nichts wissen. Ihr Herz gehöre dem Neffen, nicht dem Ohm. In Graf Diethelm schwoll der Grimm, und mit dem lodernden Zorn vergangener Tage schwur er dem begüterten Kumpan von weiland die Tochter zu, die der arme Spatz von Sternburg niemals heimführen werde.

In stiller Kammer weinte die trostlose Maid ihr Herzleid aus; aber die Eisrinde um des Vaters Herz vermochten ihre brennenden Tränen nicht zu schmelzen. Vergebens bat der heimlich Geliebte bei dem Alten um Gehör; der berief sich auf sein ritterliches Wort, das er dem Reichensteiner mit Handschlag bereits verpfändet habe.

Und so nahte der Tag, an dem Gunzelin mit dem schmunzelnden Behagen eines gealterten Lüstlings, dem im Herbst ein unerwarteter Lenz winkt, die schönste Edeldame am Rheinstrom in seine stattliche Burg heimführen sollte. Gerda, der das sanfte Empfinden ihrer früh verschiedenen Mutter eigen war, hatte sich bekümmert in das Unabänderliche gefügt.

An einem strahlenden Sommermorgen bewegte sich vom Burghof auf Rheinstein der Brautzug nach der Klemenskapelle auf dem benachbarten Hügel. Fanfaren jauchzen, Hörner schallen. Auf milchweißem Zelter sitzt, das schöne Haupt trauernd gesenkt, eine blasse Braut und gedenkt des fernen Geliebten, der in dieser Stunde mit ihr sich in Kummer verzehrt. Da dringt mit einem Mal ein Schwarm surrender Bremsen aus dem Gebüsch. Einige davon hakten sich in den Bauch des Pferdes, das die holde Frauenlast trägt, so dass das Tier sich bäumte und aus dem Brautzug ausbrach. Mit kühnem Satz springt auf prunkvoll geschirrtem Hengst der Bräutigam dem scheuenden Tier nach, verfehlt den Saumpfad und stürzt mit seinem Ross in die Tiefe. Sterbend ward er von den verstörten Hochzeitern hinauf in die Burg getragen.

Der alte Diethelm war bei dem Versuch, das Pferd seiner Tochter aufzuhalten, nicht minder glücklich gewesen; der rasende Gaul hatte ihm das Schienbein wund geschlagen, und eilfertige Rossbuben trugen den stöhnenden Graubart behutsam zurück aufs Schloss.

Der Siechenmeister hatte die nächsten Wochen, wo er droben die Folgen eines argen Hufschlags behandelte, bei dem wetternden Burgherrn einen gar schlimmen Stand. Dem ausbrechenden Pferd aber hatte sich an der nächsten Wegkrümmung beherzt ein Mann entgegengeworfen, der hat das zitternde Tier niedergezwungen und die ohnmächtige Braut in seine starken Arme gebettet. Den Brautzug hatte er aus den Büschen in ungesehener Trauer verfolgen wollen und war dadurch der Lebensretter derer geworden, die nur ihn liebte. Der Rheinsteiner ist, als er diesen Ausgang hörte, in sich gegangen und hat den Liebenden seinen Segen gegeben. Etliche Wochen später bewegte sich zum andern Mal von der Klemenskapelle ein Brautzug hinauf zur festlich geschmückten Burg Rheinstein. Fanfaren jauchzten, Körner schallten. Weit freudiger als sonst zogen die fröhlichen Musikanten voraus. Auf milchweißem Zelter saß wie vormals in pelzverbrämtem weißwallenden Brautstaat ein Edelfräulein und lauschte, das Haupt hinübergeneigt, holdverschämt den minniglichen Beteuerungen, die der jugendliche Ritter nebenan ihr zuflüsterte. Hinterdrein ritt, begleitet von seiner ehrwürdigen Schwester Notburga, Stiftsdame auf Nonnenwerth, gedankenversunken der Vater der Braut.

Ein ungetrübtes Eheglück ist aus dieser Verbindung aufgeblüht. Gott schenkte dem edlen Paar ein langes, freudevolles Leben. Sie ruhen beide vorm Altar der Klemenskapelle, gegenüber von Assmannshausen; Burg Rheinstein grüßt in verjüngter Gestalt auf schroffer Felsenkante.

Ruine Sooneck

Der blinde Schütz

Auf dem Felsennest Sooneck feiert Siebold, der verwegenste der räuberischen Aare am Rhein, ein zuchtloses Gelage. Auf den Ruhepolstern im Prunksaal wiegen sich buhlerische Weiber mit gekräuseltem Haar und geschminkten Wangen in den Armen trunkener Zecher. Und derweil die Spielleute fiedelten und gefüllte Weinkannen das üppige Mahl bespülen, hub mit weinrotem Gesicht und blinzelnden Schlemmeraugen der Burgherr also an zu reden:

»Vieledle Frauen (hier gröhlten die lüsternen Prasser) und vielfrauliche Edlen! (frech kicherten die Dirnen). Nach Speise und Trank möchte der Gastgeber euch tunlichst Kurzweil bieten. Aus meinem Zwinger führe ich euch nunmehr eine gefürchtete Bestie vor.«

Während die Frauen sich scheu in die Polster duckten und die Männer erwartungsvoll zum Sprecher die Augen wandten, öffneten sich die Saaltüren. Geführt von zwei Knechten, betrat ein Mann mit ungepflegtem

Haar und Bart in härenem Häftlingskleid die Schwelle. Ein verhaltenes Raunen ging durch die Tischrunde, und aller Blicke hafteten auf des Gefangenen gefurchtem Antlitz, drin sekundenlang zwei leere Augenhöhlen hinter müden Lidern sich weiteten. Wiederum begann in ausgelassenem Ton der Burgherr:»Minnigliche Frauen und ritterliche Mannen! Der beste Schütz am ganzen Rhein war einst Hans Veit von Fürsteneck, ein gefürchteter Raubvogel wie ihr und ich. Mit ihm rang ich auf Leben und Tod in grimmiger Fehde. Er unterlag.«

»Helmlos, mit zerhauenem Schild und zerbrochenem Schwert lag ich, aus dreizehn Wunden blutend, vor dir und erwartete mannhaft den letzten Lanzenstich,« murmelte mit einer Stimme, die wie aus einem Grab klang, der Gefangene. Und das Schweigen ging beklommen durch den hohen Saal.

»Mich dauerte es, ihn abzustechen,« rief leichtblütig Siebold von Sooneck,»ließ ihm nur die beiden Augen ausstechen und gesellte zu meinen anderen Schaustücken den besten Schützen am Rhein.«

»Meine gemordeten Augen sehen deinen Hohn,« sprach hart der Gefangene.

»Und doch herrscht auf Sooneck noch ritterlicher Geist,« erklärte der Burgherr.

»Vernimm denn: meine Knechte berichteten mir, auch blind vermögest du noch ein dir aufgegebenes Ziel mit dem Bolzen zu treffen. Bestehst du heute die Prüfung, so sei die Freiheit dein Lohn.« Tosender Beifall der Zechgenossen begleitete die Worte.

»Lieber denn Leben wäre mir der Tod,« murmelte der Geblendete. Dann zuckte es wie Wetterleuchten über sein Gesicht, und er verlangte die Armbrust. In einen Winkel gepfercht, verfolgten die Gäste das weitere Tun. Einen Becher hatte der Soonecker ergriffen und gab dem Gefangenen auf, dem Klang nach auf diesen zu schießen. Mit silbernem Ton klingt in der nächsten Minute ein Becher zu Boden.

»Schieß an jetzt!« tönt Siebolds Stimme –, und ein Pfeil dringt ihm zur selben Sekunde tödlich in den geöffneten Mund. Röchelnd wie ein Schlachttier sank der Todgeweihte auf den Estrich. Stumm und still, die Augenhöhlen starr geöffnet, stand der Geblendete, das verwilderte Haupt gesenkt auf die tiefatmende Brust. Wie ein Schwarm aufgescheuchter Krähen stoben die Herren und Huldinnen von dannen, und an der erkalteten Leiche Siebolds von Sooneck raunten die Knappen und Knechte erschüttert ein stilles Gebet.

Caub

Die Pfalz

Unterhalb Kaub liegt auf einer Felseninsel im Rhein eine alte Feste, seit Jahrhunderten bekannt unter dem Namen die Pfalz. In dem düsteren Kämmerlein dieser turmreichen, trotzigen Inselfeste hat einst verschwiegene Liebe, aus dem Fürstenpalast verdrängt, sich ein Stelldichein gegeben. Das ist allerdings schon lange her. Zu Zeiten Rotbarts ist's gewesen. Dazumal lebten auf dem wasserumrauschten Kastell als Verbannte des Pfalzgrafen Konrad eigenes Gemahl und leibliches Kind, sein blühendes Töchterlein Agnes.

Und das war also gekommen. Dem Pfalzgrafen hatte der Himmel einen Sohn verwehrt, und Erbe der Güter musste deshalb seine Tochter werden. Mächtige Fürsten des Reiches hatten sich bereits um die Hand der anmutigen Pfalzgrafentochter beworben, und selbst ein Herzog von Bayern und der König von Frankreich befanden sich unter ihnen. Aber die Maid hatte bereits ihre Wahl getroffen. Der also Beglückte war der junge, ritterliche Held Heinrich von Braunschweig. Agnes hatte ihm ihre Neigung geschenkt und ihre Mutter begünstigte den Bund.

Dem Pfalzgrafen konnte dies nicht verborgen bleiben. Die Entdeckung verstimmte ihn sehr. Herzog Heinrich war ein Welfe, also ein offener Gegner seines Bruders, des Staufenherrschers. Des Braunschweigers Schwiegerschaft war deshalb unmöglich, noch mehr aber, weil der Kaiser schon lange plante, des Pfalzgrafen Tochter mit einem Mitglied seines Hauses zu vermählen, damit die Pfalzgrafschaft den Waiblingern erhalten blieb.

Mit gerechter Besorgnis erinnerte sich der Pfalzgraf, dass der Braunschweiger nicht nur zu den schönsten Männern, sondern auch zu den kühnsten Mitgliedern der deutschen Ritterschaft gehörte. Und so ließ er eines Tages, nachdem er bis spät in die Nacht hinein die missliche Sache reiflich überlegt hatte, die Pfalz ausnahmsweise befestigen, die düsteren Gemächer, mehr Kammern als Zimmer, reinigen und herrichten und erklärte dann seinem Ehegemahl und seiner Tochter Agnes, die er beide zu einer Fahrt nach dem Eiland bewogen hatte, mit dürren Worten, die Pfalzinsel sei fortan auf unbestimmte Zeit ihr Wohnsitz.

Die würdige Pfalzgräfin beklagte sich bitter über die ungerechte Härte ihres Eheherrn, Schön-Agnes vergoss heiße Tränen, Herr Konrad aber erklärte weise und warnend, so lange das halsstarrige Töchterlein nicht ablasse von dem Welfen, könne er seinen wohlerwogenen Vorsatz nicht ändern. Ist dann höchst befriedigt von dannen gegangen, vermeinend einen ungemein klugen Gedanken ausgeführt zu haben. Die selige Jugendzeit lag allerdings schon zu weit hinter ihm, sonst hätte er sich erinnern müssen, dass Jugendliebe ist –, um einen gar nicht dichterischen Vergleich zu gebrauchen –, wie der Nagel in der Wand: je mehr man ihn schlägt, umso fester hält er.

Hätte sich auch erinnern sollen, dass bereits der weise Mann im Hohen Lied gesteht: »Der Liebe Gluten sind Flammen Gottes, und kommen Wassergüsse und kommen Stürme, sie werden sie nimmer verlöschen.«

Und wie der Wind die Flamme anfacht und nur den Funken auslöscht, so auch hier die Trennung der Liebe: was ihr ein Hindernis sein sollte, ward ihr ein Vorteil. Unter dem Schutz der Nacht besuchte der kühne Welfenherzog verkleidet die Inselfeste. Agnes weigerte dem geliebten Mann den Eintritt nicht. Mit inbrünstigem Bitten bestürmten die beiden die Mutter, ihren Ehebund zu dulden. Ihnen vermochte die Pfalzgräfin nicht zu widerstehen.

Im Morgengrauen des folgenden Tages langte unbemerkt ein Priester auf der Inselburg an und legte die Hand des Welfen in die der Staufin. Bei spärlichem Kerzenschein ward in niedrigem Burggemach die Vermählung vollzogen. In dem stillen Kämmerlein der Pfalz hielt die Liebe, die unbesiegbare, triumphierend ihren Einzug.

Monde waren verflossen in verschwiegenem Glück. Tage standen bevor, denen die Pfalzgräfin, mehr noch Agnes, das junge Weib, mit wachsender Beklommenheit entgegensah. Dringende und zwingende Notwendigkeit war es, dem Pfalzgrafen zu enthüllen, was geschehen. Als er eines Tages, nach langer Zeit zum ersten Mal, in dem Kastell erschien, stürzte ihm seine Tochter zu Füßen und enthüllte ihm aufgelöst ein zwiefaches Geheimnis. Da soll der Pfalzgraf zuerst gestanden sein wie ein versteinertes Bild und soll dann gewettert und geflucht habe in allen ihm bekannten Sprachen, bis sein sanftes Gemahl ihn mit leisen, flehenden Worten bat, der Tochter zu schonen, da sie der Schonung wohl bedürfe. Da hat des Eiferers Zorn sich merklich gelegt, und dieweil ihm sein getreues Weib zusprach, wie er nun selber unbewusst berufen gewesen sei, einer bitteren Geschlechterfehde durch sein geliebtes Kind ein Ende zu machen, da haben seine wetterharten Züge sich sichtbar aufgeklärt. Allgemach wurden sie weich und weicher, und zuletzt hat er sich zu der geliebten Tochter hinabgebeugt, sie zärtlich beim Namen genannt, und über die wasserumspülte Inselburg ist sacht der Engel der Versöhnung herniedergeschwebt.

Am Hoflager Kaiser Rotbarts zu Speyer ist Pfalzgraf Konrad erschienen und hat seinem kaiserlichen Herrn Bruder mit bittersüßer Miene Bericht erstattet. Der alte Rotbart hat dazu gelächelt und dem edlen Herrn Konrad gedankt, dass er ein Mittel gefunden habe, die Welfen den Staufen näherzubringen, hat sich auch freiwillig erboten, dem erwarteten Sprössling Patenstelle zu stehen.

Daraufhin ist in der Pfalz nachträglich ein prunkvolles Hochzeitsfest gefeiert worden, und einige Zeit nachher hat in dem dürftigen Kämmerlein der Inselburg, wo vor Monaten die Liebe, die unbesiegbare, triumphierend ihren Einzug gehalten, eines Kindes erster Schrei die glücklichste Mutter beglückt. Also hatte Herr Konrad, der Pfalzgraf, es geboten.

Noch heute zeigt man dieses Kämmerlein den Besuchern der Pfalz zur Erinnerung an jene Begebenheiten.

Die Loreley

I.

Oberhalb Koblenz, wo der Rhein seine Fluten zwischen rebenbegrünten Hügeln wälzt, erhebt ein steiler Fels sein sagenumwobenes Haupt: der Loreley-Felsen. Mit scheuer Ehrfurcht schaut der Schiffer zu des Steinriesen Gipfel hinauf, wenn sein Boot in dämmernder Abendstunde über das Wasser gleitet. Gleich geschwätzigen Kindern flüstern drunten die nimmermüden Wellen und raunen sich wundersame Märchen zu, indes um sein graues Haupt die Sage rauscht, ein Lied von der Liebe Leid auf den Lippen. Seltsames erzählt sie von der schönen, falschen Nymphe, die einst dort oben gesessen ist auf dem Gipfel des Berges und süße Sirenengesänge gesungen hat, bis eine traurige Aventüre sie für immer vertrieb.

Lang, lang ist's her. Ob's wahr ist, wer kündet es?

Dazumal, wenn die Nacht im Sternengewand von den Rebenhügeln herniederstieg und ihr stiller Gefährte, der milde Vollmond, seine silberglitzernde Brücke über die grüngoldigen Fluten spannte, dann erklang von dem Fels ein wunderbarer Frauengesang, und ein Weib von berückender Schönheit zeigte sich auf seinem Gipfel. In reicher Fülle ringelte ihr goldenes Gelock über die Schultern und wallte in weichen Linien auf das schneeige Gewand nieder, das ihren stolzen Leib in eine Lichtwolke einzuhüllen schien.

Weh dem Schiffer, der zu jener Stundenwende –, wo tagesmüde Augen sich schließen und lebensfrohe Herzen sich öffnen –, den Felsen umfuhr! Wie einst der irrende Griechenheld, wurde er durch den geisterhaften Gesang gebannt. Er erfüllte ihn mit einem süßen Seinvergessen und ließ sein Auge, geblendet wie seine Seele, Strudel und Klippen nicht beachten. Doch jene holde Frauenblume, deren Reize ihn lockten, blühte auf einem Grabe. Während er sinnberaubt ihr zusteuerte, sich schon träumend in ihrem Besitz, umleckten die eifersüchtigen Wellen sein Fahrzeug und schleuderten es im letzten Augenblick verräterisch gegen den Fels, der es, ähnlich den Magnetbergen des Nordens, erbarmungslos an seiner harten Brust zerbrach.

Den Todesschrei des Opfers bedeckte das grollende Murmeln des Rheins. Niemals sah man den Armen wieder.

Die Jungfrau aber, die noch niemand in der Nähe gesehen hatte, fuhr fort, in milden Mond- und Sternennächten zu singen, weich und verlockend, kaum hörbar endlich, bis die letzten erbleichenden Gestirne über den Berggipfeln ringsum verglommen waren.

II.

Ronald war ein leidenschaftlicher Jüngling und der kühnste Krieger am Hofe seines Vaters, des Pfalzgrafen am Rhein. Er hörte von dem sagenhaften Wesen. Sein Herz fieberte vor Begierde, sie zu sehen. Noch ehe er die Jungfrau gesehen, verehrte er sie überschwänglich.

Er schied vom Hof, scheinbar zur Jagd. In Wirklichkeit führte ihn ein alter, erfahrener Schiffer dem Felsen zu. Dämmerung schwebte auf grauen Flügeln durch das Rheintal, als das Boot sich dem Bergriesen näherte. Tief stand die scheidende Sonne hinter den Bergen. Ihre Häupter hüllte die Nacht in ernstes Dunkel. Da lugt blinkend vom blassblauen Firmament der Abendstern. Hat ihn der Schutzgeist des träumenden Jünglings droben soeben mit mahnender Hand an die Kuppel des Himmelsdomes gesetzt, um den Verblendeten zu warnen?

Er blickt hinauf, für eine Weile der Welt entrückt.

Ein leiser Ruf des Alten an seiner Seite.

»Die Lurlei!« raunt er scheu, »seht Ihr sie, die Zauberin?«

Jener antwortet nicht. Schon sah er sie. Auch ihm entfuhr ein leiser Schrei. Großoffenen Auges starrt er nach der Höhe. Dort erblickte er die Lichtelfe. Das war sie. Ein strahlendes Götterbild in einem dunklen Rahmen. Eine duftumhauchte Wunderblume auf einer Ruine sprossend. Das war ihr gerühmtes goldschimmerndes Haar, das lose hinabglitt auf ihr weißwallendes Gewand!

Am Saum des Gipfels sitzt sie und ordnet ihr welliges Blondhaar. Strahlenschein umgibt das edle Haupt und enthüllt seine Reize trotz Nacht und Ferne. Aus den schillernden Augen lockt süßheimliches Werben, auf zwei Blütenwangen ruht der Zauber der Gewährung, und zwei schwellende Lippen, leuchtendrot gleich einer frischen Wunde, öffnen sich wie zum Singen oder Sagen. Nun durchzittert Gesang die Stille, weich und klagend, inbrünstig wie bräutlicher Nachtigallenlaut in schweigsamer Sommernacht.

Schweigen nun.

In sinnender Ruhe sitzt sie da und schaut traumverloren in die Ferne. Dann blickt sie hinab auf den Strom, und ein blitzendes Augenpaar senkt sich tief in den starren Blick des Jünglings, ein Sonnenpaar, dessen Glutpfeile sich hineinsenken in auflohende Tiefen.

Leis erschauert der Jüngling. Noch immer haftet sein Blick auf den Zügen des bezaubernden Weibes und liest dort trunken das Märchen der Liebe. Fels, Strom verschmelzen in eins mit dem nächtlichen Himmel. Sein Auge sieht nur sie auf dem Felsrand; nur das Locken der lächelnden Lippen, die Steine der strahlenden Augen. Zu langsam kriecht die Barke durch die Flut. Ihn hält's nicht mehr in dem Fahrzeug. Er glaubt ihre Stimme zu vernehmen, unsagbar weich und innig. Die schwelende Glut seines Herzens ward zum leuchtenden Fanal.

Gleich einem ausbrechenden Füllen stürzt er hinaus mit haschenden Händen.

»Lore!«

Ein Todesschrei gellt aus den Klippen und verschlingt den Ruf der Liebe.

Klagend erklang das Felsecho ringsum. Die Wellen murmelten und leckten schmeichelnd den Unglücklichen. Der alte Schiffer stieß einen Wehruf aus und bekreuzte sich. In diesem Augenblick zerriss ein Blitz die geballten Wolken, und dumpfer Donner grollte hinter den Bergen. Leiser raunten drunten die Wellen; von der Höhe ertönte von neuem, diesmal trauernd und seufzergleich verhallend, der geisterhafte Gesang der Loreley.

III.

Der Pfalzgraf erfuhr bald die traurige Nachricht. Schmerz und Zorn erfüllten sein Vaterherz. Er befahl, die Zauberin tot oder lebend einzuliefern. Am Nachmittag des folgendes Tages glitt ein großes bemanntes Boot den Rhein hinunter. Vier Fergen hielten die Ruder, wetterharte, sehnige Gestalten. Finster blickten unter buschigen Brauen des Führers Augen nach dem Fels, der ernst und düster herübergrüßt. Trauer und Zorn reden aus den Zügen des empörten Mannes. Er hatte die Erlaubnis erbeten, die teuflische Verführerin von der Spitze des Felsens hinab in den Strom stürzen zu dürfen, wo ihrer ein sicherer Tod harrte –, denn ihre Zauberkünste möchten die Gefangene wohl aus Fesseln und Kerker befreien. Der Pfalzgraf hatte den Plan gebilligt.

IV.

Die ersten Schatten der Dämmerung huschten durch das Rheintal. Den Fels umstanden bewaffnete Männer. Mühsam erkletterte der Führer mit drei beherzten Kriegern die Höhe. Den Gipfel des Berges umhüllte eine schimmernde Wolke. Den Männern deuchte es die Abendröte. Magisches Leuchten war es, die Jungfrau umstrahlend, die soeben auf der Felskante erschien. Träumend lagerte sie sich droben, mit goldenem Kamm ordnete sie die Wellen ihres Haares. Nun löste sie eine Perlenschnur vom Busen, und wohlgefällig befestigt die schlanke, weiße Hand das Geschmeide im Stirngelock. Da erblickt sie die drohenden Männer. Eine Wolke des Unmutes umdüstert ihre Züge.

»Was suchen die schwachen Söhne der Erde auf dieser Höhe?« Verächtlich bewegen sich ihre blühenden Lippen.

»Dich, Zauberin!« rief der Führer ergrimmt, und mit zorniger Gebärde fügte er hinzu: »Dich, Unselige, um dich hinabstürzen zu sehen in des Stromes tiefsten Grund.«

Ein klingendes Lachen hallte auf dem Berge wider.

»Oh, der Vater Rhein wird selber kommen, um seine Tochter zu sich zu holen!« rief die Jungfrau. Weit über den Abgrund, der unten gähnt, beugt sich ihr geschmeidiger Leib. Die Hand reißt das Stirnband herunter und schleudert es triumphierend in die Flut. Den Lippen entströmt siegend ihr seltsamer Sang:

»Vater, geschwinde, geschwind!
Die weißen Rosse schick' deinem Kind!
Es will reiten mit Wogen und Wind!«

Da erhob sich mit einem Male ein Sturm; der Rhein gärte brausend, milchweißer Gischt bedeckte die Ufer. Und zwei schaumgekrönte Wogen, schneeigen Rossen vergleichbar, stiegen wie von Geisterhänden gehoben aus dem Strombett zur Höhe des Felsens und trugen die Huldin hinab in den Rhein, über sie weg brandeten sie schäumend.

V.

Schreckerfüllt kehrten die Sendboten zum Pfalzgrafen zurück und berichteten beklommen die merkwürdige Mär.

Der Erbgraf Ronald ward viel beweint. An seinem Leichnam, den eine Welle mitleidvoll ans Ufer trug, hallten die Klagerufe ungezählter Menschen.

Von diesem Tag an ward die Rheinnixe, die den Schieferfels bewohnen soll, niemals wieder gesehen.

Doch wenn die Nacht im Sternengewand von den Rebenhügeln herniedersteigt und ihr stiller Gefährte, der Vollmond, seine silberglitzernde Brücke über die grüngoldigen Fluten spannt, dann soll von dem Fels manchmal Frauengesang erklingen, weich und klagend, inbrünstig wie bräutlicher Nachtigallenlaut in schwülen, schweigsamen Sommernächten. Sie schied, die Loreley. Ihr Zauber blieb.

Sterrenberg und Liebenstein

Die feindlichen Brüder

I.

Im Mittelalter war Schloss Sternberg oberhalb Boppard eine der schönsten Burgen an den Ufern des Rheins. Zurzeit, wo unsere Geschichte spielt, bewohnte es ein alter Paladin jenes Kaisers Konrad des Staufen, der aus der Wahl hervorgegangen war auf der Ebene von Oppenheim bei Mainz. Zwei Söhne standen dem ergrauten Degen zur Seite. Längst schlummerte sein Weib unterm Stein. Seitdem klang selten fröhliches Lachen durch die hohen Gänge.

Eines Tages begrüßte ein lieblicher Gast das einsame Herrenschloss. Ein Stückchen Sonnenschein zog mit ihm in die hohen, ernsten Räume. Ein entfernter Vetter aus dem Geschlecht der Brömser von Rüdesheim war gestorben und hinterließ sein einziges Kind, ein blühendes Mägdlein, der Obhut seines Verwandten, des Herrn zu Sternberg.

Die blondhaarige Angela –, sie verdiente ihren Namen –, wurde bald der Liebling des Schlosses. Sie verehrte den Greis dankbar wie ihren Vater und lohnte die Freundschaft der beiden Jünglinge mit schwesterlicher Zuneigung. Was Jahrtausende vordem geschah und noch heute geschieht, begab sich auch hier: die Freundschaft der jugendlichen Ritter verwandelte sich bald in keimende Liebe. Beide bewarben sich heimlich um die Gunst der Jungfrau.

Der greise Burgherr bemerkte es, und trübe Ahnungen legten sich um sein Vaterherz. Mit gleicher Liebe war er beiden Söhnen zugetan; dennoch befriedigte ihn die sanfte, von der Mutter ererbte Sinnesart des Erstgeborenen mehr als der feurige Geist Konrads, des jüngeren. Schon vom ersten Augenblick an, wo die junge Waise auf seinem Stammsitz erschien, hatte ihn der Wunsch beseelt, die zierliche Jungfrau seinem Lieblingssohn Heinrich zu vermählen, dem des Vaters Name und dereinst die Stammburg zu eigen war.

Heinrichs Liebe war zu zaghaft. Ihre Flammen glühten verschwiegen himmelan. Sein Bruder hingegen machte kein Hehl aus der heißen Liebe, die er für Angela empfand, und bald gewahrte der Greis mit Betrübnis, dass das schöne Mädchen die Neigung des Ritters erwiderte. Auch dem Bruder blieb das Liebesglück der beiden nicht verborgen, und tiefbeklommen sargte er seine wortlose Liebe ein, ein scheues Kind, vielleicht darum zum Sterben verurteilt, weil ihm die Sprache nicht frühzeitig gekommen war.

Und Angela? Wohl entging ihr nicht die Schwermut, welche die Blicke des Ältesten umdüsterte. Sie ward bewegt, als sie einst bemerkte, wie seine Stimme zitterte, da er ihren Namen aussprach; aber der Sonnenglanz ihrer jungen Liebe blendete ihr Auge, dass sie die Wolken nicht gewahrte, die des Ritters Züge umschatteten.

Um jene Zeit kam Bernhard von Clairvaux aus Frankreich an den Rhein und predigte einen neuen Kreuzzug gegen die Ungläubigen. Tausende wurden entflammt durch die Kanzelworte des heiligen Mönches. Auch auf der Feste Sternburg ward sein Ruf vernommen. Heinrich nahm das Kreuz. Nicht länger hielt es ihn auf der Burg, wo die weilte, die er hoffnungslos liebte. Aber auch des jüngeren Bruders stürmender Geist war mächtig erregt von den unbekannten Reizen, die ein Kreuzzug im märchenhaften Morgenlande versprach. Seine junge Kraft, jahrelang eingeengt auf einer weltfernen Feste, dürstete nach Abenteuern, wie sie des kühnen Kreuzfahrers unter des Orients Palmen in den Steppen der Levante harrten. Vergeblich waren die Bitten und Tränen der liebenden Jungfrau, vergeblich der Schmerz seines Vaters, der inständig bat, ihn nicht zu verlassen.

Verzweifelt war der Greis über den unbeugsamen Entschluss seiner Söhne.

»Wer bleibt mir auf der Burg meiner Väter, wenn ihr beide sie verlasst, um vielleicht nie mehr zurückzukehren?« rief er schmerzlich. »Dich fleh' ich an, mein Ältester, Abbild deiner unvergessenen Mutter, habe Mitleid mit dem weißen Haar deines Vaters! Du, mein Konradin, habe Mitleid mit den Tränen der dir Anverlobten.«

Schweigend standen die Brüder. Dann fasste der Ältere des Vaters Hand.

»Ich werde dich nicht verlassen,« sprach er weich.

»Und du, Angela,« sprach der Jüngere zu der Jungfrau, die weinte, »du wirst das Opfer der Trennung bringen und ein Lorbeerreis pflanzen, um mir den Kranz daraus zu winden, wenn ich heimkehre.«

II.

Am folgenden Tag verließ der junge Ritter die heimatliche Burg.

Das junge Mädchen schien anfangs in ihrem Schmerz untröstlich. Die verlassene Liebe weinte sich aus und schlief dann ein wie ein tränenmüdes Kind. Und als sie aufwachend um sich blickte, kam der Groll und raunte ihr anklagend ins Ohr und trübte die Wasser ihrer Erinnerung, darin sich das Bild des leichtsinnigen Verlobten spiegelte, der sich um schnöden Ruhm von ihr getrennt hatte.

Mehr als früher ruhten ihre Augen daheim auf dem Jüngling, der ein frauenhaftes Antlitz auf Mannesschultern trug und der gezwungen war, unter einem Dach mit seiner verlorenen Liebe zu leben. Sie bewunderte ihn, der durch ungezählte Zeichen reiner Freundschaft ihr den Harm der Trennung zu versüßen suchte. Vieles an seinem Geist und Gemüt war ihr früher entgangen; seinen hohen Mut auf der Jagd, seine Erfahrenheit in allen Dingen fand sie nunmehr gleich bewundernswert.

Er aber schien sie zu fliehen, als fürchte er, die Geister der toten Liebe zu wecken, die in seiner Seele schliefen. Angela fühlte sich dadurch noch mehr zu dem Ritter hingezogen. Sie suchte ihm verständlich zu machen, dass ihre Liebe zu dem jüngeren weiter nichts gewesen war als das Strohfeuer einer kurzen Leidenschaft, die mit ihrem Gegenstand davonging. Sie fühlte sich unglücklich, als sie sah, dass jener, den sie anfing wahrhaft zu lieben, nichts anderes für sie zu empfinden schien als brüderliche Zuneigung. Und dennoch hätte sie ihm für ein Wort der Liebe ihr reiches, tieffühlendes Herz gegeben.

Die Veränderung in ihrem Empfinden war dem Ritter nicht verborgen geblieben; aber mannhaft erstickte er jedes aufdämmernde tiefere Gefühl für die Verlobte seines Bruders.

Dankbare Befriedigung erfüllte den Greis, als Angela ihm eines Tages ihr Herz ausschüttete. Er bat Gott bewegt, die beiden liebenswerten Menschen zusammenzuführen, die nach seinem Glauben ein Paar würden nach dem Geist des Herrn. In seinen Träumen sah er bereits Angela, in ihrem Schoß ein Knäblein wiegend, blond und blauäugig wie sein totes Weib und sein Erstgeborener. Dann gedachte er plötzlich des ungestümen Jünglings, der als Kreuzfahrer im Heiligen Land stritt, und jäh unterbrach er seine Zukunftsträume.

Seiner Stammburg gegenüber ließ er eine neue Feste bauen. Ihr gab er den Namen Liebenstein und bestimmte sie für seinen Zweitgeborenen, wenn er vom Kreuzzuge heimkehrte. Kaum war die Burg vollendet, da starb der Greis.

Einige Zeit später war der Kreuzzug beendet. Die rheinischen Herren, die zurückkehrten, brachten die befremdliche Mär, Graf Konradin von Sternberg werde eine schöne und vornehme Griechin heimführen, die er im Morgenland geheiratet habe.

Flammenden Auges hörte es der Bruder. Unglaublich dünkte ihm die Post. Er vertraute der Jungfrau die nahe Rückkehr des Verlobten. Sie erblasste. Ihre Lippen bewegten sich, aber die Erregung lähmte ihr die Zunge. Oft stieg sie auf den Wachtturm, und ihre Blicke spähten nach Süden.

III.

Eines Tages zeigte sich ein Schiff auf dem Rhein. Fremde Flaggen wehten von seinem Mast. Angela sah es von der Schlosszinne und rief den Bruder. Das Schiff kam näher; man hörte den Ruf der Fergen und unterschied die Gesichter der Bemannung.

Plötzlich stieß die Jungfrau einen wehen Schrei aus und warf sich weinend in die Arme des Ritters. Dieser zuckte zusammen. Stumm starrte er auf das Fahrzeug. Der Ritter, der drunten in strahlender Rüstung am Schiffskiel stand, war sein Bruder. An ihn schmiegt sich ein schönes, fremdes Weib.

Das Schiff stößt ans Land.

Als erster springt Graf Konradin ans Ufer. Die beiden Gestalten auf der Schlosszinne waren verschwunden. Ein Knappe näherte sich dem Ritter und berichtete ihm, dass das neue Schloss drüben als Vermächtnis des Vaters sein Eigentum sei.

An demselben Tag kündete er sich auf Sternberg an. Dem vor aufgezogener Brücke Harrenden ließ sein Bruder sagen, nur mit dem Schwert in der Hand wolle er den Treulosen sehen, der seine Verlobte wortbrüchig verlassen habe.

Die Dämmerung trauerte über den beiden Burgen. Auf dem Wiesengrund, der sie trennt, standen zwei Brüder im Kampf auf Leben und Tod.

Das war ein heftiger Zweikampf! Gerechter Zorn und verletzter Stolz kreuzten die blanken Schwerter. Die beiden Gegner, deren Häupter aus dem Halsberg glühten, hatten gleiche Kraft und gleichen Mut. Rot rieselte das Blut aus der Armschiene des Älteren.

Da teilten sich die Büsche. Eine Jungfrau, im Antlitz höchste Angst, warf sich mit hochgehobenen Händen zwischen die Kämpfer. Es war Angela. Verzweifelt klang ihr Flehen:

»Im Namen Gottes, der euch sieht, haltet ein! Im Namen eures toten Vaters hemmt den Brudermord! Die, um derentwillen ihr die Schwerter zückt, nimmt noch in dieser Stunde Abschied von der Welt und wird Gott bitten, euch, Ritter Konradin, euren Treubruch zu verzeihen und euch trotz alledem zu segnen, gleich euren edlen Bruder, für und für.«

Die beiden Brüder senkten die Waffen. Konradin, das Haupt tief hinabgesenkt, beschattete den Blick mit der Hand. Er wagte nicht, diejenige zu betrachten, die in stummer Anklage hoheitsvoll vor ihm stand. Heinrich erfasste die Hand der Jungfrau, welche weinte.

»Komm, meine Schwester,« sprach er, »der Treulose verdient nicht deine Tränen.«

Die Schatten der Bäume nahmen sie auf. Schweigend starrte der Ritter nach der Richtung, die sie eingenommen. Ein Gefühl der Scham und Reue überkam ihn.

IV.

Eine Wegstunde von den Burgen entfernt liegt im Tal das Kloster Marienburg. Hinter seinen Mauern fand Angela die begehrte Seelenruhe. Zwischen Sternberg und Liebenstein erhob sich nach wenigen Wochen eine breite Mauer und redete stumme Sprache von der Feindschaft der beiden Brüder.

Ein Fest folgte dem andern in dem neuerbauten Schloss, wo die fremdartige Burgfrau unter den rheinischen Rittern Triumphe ihrer Schönheit feierte.

Über der Burg Sternberg lagerte trübe Trauer. Der Ritter hatte nicht vermocht, den Entschluss der Jungfrau umzustimmen. Seit ihrem Fortgehen welkte seine Lebenskraft dahin. Am Fuß des Berges ließ er ein Kloster bauen und nahm das Mönchsgewand. Etliche Monate darauf entschlief er. An demselben Tag –, so fügte es das Geschick, das sie trennte –, läutete die Sterbeglocke im Kloster Marienburg und verkündete den Tod der verlorenen Geliebten.

Der Herr von Liebenstein erfreute sich nicht eines dauernden Glückes an der Seite seines verführerischen Weibes. Die heißblütige Griechin brach die eheliche Treue und entfloh mit einem befreundeten Ritter, der die Gastfreundschaft auf Liebenstein genossen hatte. Von Schmerz und Schmach überwältigt, stürzte der Burgherr sich von des Schlosses Zinnen in die Tiefe.

Die Burgen fielen an den Ritter Brömser von Rüdesheim. Kirche und Kloster stehen noch heute im Tal und sehen jährlich vor dem Gnadenbild der Muttergottes Tausende von frommen Pilgern; längst aber sind diese beiden Festen zerfallen. Während da unten im Kloster Bornhofen täglich die Glocken läuten und der Wallfahrer rührende Gesänge ertönen, herrscht droben zwischen den Ruinen, noch heute im Volksmund die Brüder genannt, trauernde Stille. Nur dann, so hat uns der Loreley-Sänger verraten, wenn der Vollmond durch die Sommernacht geistert, klingen in dem Wiesengrund, der die Burgen trennt, die Schwerter der feindlichen Brüder.

Die Marksburg

Das Hochzeitsfest auf Burg Brubach

Marksburgsage von Ruth *Nies*

Zur Zeit Kaiser Rudolphs von Habsburg, da so manch stolze Burg die Berge des Rheines krönte, erhob sich trotzend und dräuend auf gigantischem Fels die Burg Brubach. Das mächtige Rittergeschlecht derer von Eppenstein hauste dort oben. Hoch vom Söller flatterte, weithin sichtbar, das Wahrzeichen des uralten Geschlechtes, das Banner mit silbernem Schild und drei roten Sparren. Hinter den düsteren Mauern der Burg blühte zu jener Zeit eine liebliche Blume, das Jungfräulein Elisabeth, die Tochter des Grafen Eberhard von Eppenstein. Viele stolze Ritter warben um die Hand der durch Schönheit berühmten Jungfrau. Sie aber war schon heimlich dem Ritter Siegbert von Lahneck anverlobt. –,

Kaiser Rudolph hatte an die deutschen Ritter den Aufruf erlassen, mit in den Kampf gegen den Böhmenkönig Ottokar zu ziehen. Siegbert von Lahneck, der Neffe und Erbe des alten Burggrafen auf Lahneck, war mit seinem jüngeren Vetter dem Rufe gefolgt. Elisabeth war tief unglücklich, doch Ahnenstolz und Opferbereitschaft für Kaiser und Reich ließen sie die Trennung ertragen lernen.

Monde verflossen, und vergebens wartete Elisabeth, wie manches Ritterfräulein, auf eine Kunde des Geliebten.

Der greise Burggraf auf Lahneck hatte die Augen geschlossen, und die prächtige Veste harrte des neuen Gebieters. Da erzählte man sich im Jahre 1278, dass die Schlacht auf dem Marchfelde siegreich geschlagen sei, in welcher mancher Ritter sein Leben lassen musste. Von Siegbert von Lahneck wusste doch keiner der Ritter und Boten etwas zu berichten.

Der Herbst hatte bereits die Landschaft des Rheins in ein farbenprächtiges Bild umgewandelt, als eines Tages ein junger Ritter an die Tore Lahnecks pochte. Die Kleidung des schlanken, in wilder Schönheit strahlenden Edelmannes ließ ihn als Paladin des Kaisers erkennen. Er gab sich als den Grafen Rochus von Andechs, den jungen Vetter Siegberts von Lahneck, zu erkennen. Er brachte die Kunde vom Tode Siegberts, an dessen Seite er auf dem Marchfelde gekämpft hatte, und dass er nun als zweiter Erbe das Recht auf Lahneck habe. Der Vogt begrüßte den Grafen als seinen neuen Herrn und Gebieter. Auch auf die Burg Brubach wurde die Nachricht getragen. Entsetzt und aufs tiefste erschüttert nahm sie Elisabeth auf. Niemand vermochte die tiefgebeugte Jungfrau aufzulichten. Da kam, kurz vor dem Christfeste, ein junger Mönch vom Kloster Bornhofen hinauf zur Burg gepilgert. Graf Eberhard hatte die heiligen Brüder um einen Schlossgeistlichen gebeten, und diese hatten nun Bruder Markus, so hieß er zu Ehren seines Schutzpatrons, des großen Evangelisten, entsandt. Die ärmliche Kutte vermochte nicht des Paters ritterliche Herkunft zu verbergen. In seinen Augen loderte heiliges Feuer, als er der unglücklichen Elisabeth ansichtig ward, und ein fester Vorsatz, ihr zu helfen, wurde in ihm wach. Mit großem Ernst erfüllte er seine Aufgabe. Elisabeth bewunderte ihn, den Geistlichen und Gelehrten, aufrichtig. So manch lehrreich Gespräch entspann sich zwischen ihnen, und allmählich überwand die Jungfrau ihren Schmerz. Markus wurde indes von einer mächtigen Liebe zu ihr ergriffen. Nächtelang kämpfte und rang er mit dem Dämon in seinem Herzen. Da meldete sich eines Tages Rochus von Andechs beim Grafen. Mit einem kleinen, aber prächtigen Gefolge kam er von Lahneck herübergeritten. Graf Eberhard und Elisabeth begrüßten den wackeren Ritter herzlich. Rochus war wie geblendet von des Burgfräuleins Schönheit und gleichfalls Elisabeth von der des jungen Ritters, der, mit Siegbert verglichen, viel gewandter und stolzer war. Von nun an weilte er oft auf der Burg und wusste Elisabeth gänzlich zu umgarnen und zu bezaubern. Bald hielt er, der vielbegehrte Graf von Andechs, für den viele Frauenherzen stürmisch schlugen, um die Jungfrau an. Nach einigem Zögern sagte sie ja. Der Eppensteiner war hoch erfreut und ließ das Hochzeitsfest herrichten. Alle, die die Jungfrau gern hatten, jubelten über ihren Entschluss, nur Markus war tief beunruhigt, denn er empfand einen heftigen Widerwillen gegen den Ritter. Auch Rochus schien den Mönch zu hassen, und oftmals standen sie sich feindselig gegenüber. Das junge Paar war recht glücklich. Die Jungfrau versicherte ihrem zukünftigen Gemahl mit Leib und Seele angehören zu wollen. Inzwischen war in der Burg eine kleine Kapelle hergerichtet worden. Die Trauung Elisabeths sollte die erste heilige Handlung in ihr sein. Mit Glanz und Prunk sollte die Hochzeit gefeiert werden, und unter eifrigen Vorbereitungen nahte der Tag heran. In fast unheimlicher Schönheit und Pracht ritt Rochus am Vorabend des Hochzeitstages mit der Gästeschar in den Schlosshof ein. Lauter Jubel, Festfreude und Tanz hallten an den Mauern der Veste wider. Festsäle und Gemächer schwammen im Lichtermeer. Nur droben im Kaiser Heinrichsturm, in dem kleinen Raum, wo einst der gehetzte Kaiser Heinrich Zuflucht vor seinem Sohne suchte, war's still und einsam. Das Mondlicht flutete durch das kleine Fenster und beleuchtete das Gesicht eines jungen Menschen, der kniend vor einem Gebetschemel lag. Pater Markus war's, der in verzweifeltem Ringen seinen Schutzheiligen anflehte. Morgen sollte er Elisabeth dem ihm verhassten Ritter anvermählen.

Vom Martinskirchlein schallten zwölf silberhelle Glockenschläge herauf. Da ward das Gemach plötzlich von überirdischem Glänze erfüllt, und der heilige Markus selbst stand vor dem Mönche. Er gab ihm ein kleines schlichtes Kreuz und sprach: »Markus, beschwöre du hiermit den Bösen. Rochus von Andechs ist niemand anderes als der Leibhaftige selbst.« Dann war er verschwunden. Der Pater aber wachte betend bis zum Morgen. Wieder erschallte Jubel, und strahlend, als die lieblichste Braut, schritt Elisabeth an der Seite des Bräutigams, gefolgt von der Gäste Schar, zur Kapelle. Da aber, kurz vor der heiligen Stätte, trat ihnen hochgereckt und entschlossen Markus in den Weg. Aus seinem Gewände ritz er das Kreuz und streckte es Rochus entgegen. Mit einem Schrei stürzte dieser hin. Der Boden spaltete sich, und der Ritter Rochus verschwand in die Tiefe. Die Jungfrau wollte er mit sich reißen. Markus aber erfasste sie im letzten Augenblick. Entsetzt und erzürnt fielen die Gäste über Elisabeth und den Grafen her, um die Teufelsdiener zu töten. Da flutete aus der Kapelle jener überirdische Glanz. Mit einem feurigen Schwert in der Rechten trat der heilige Markus über die Schwelle. Schützend hielt er es über den Grafen, die Jungfrau und den Mönch. Voll Ergriffenheit kniete die Schar der Ritter, Knappen, Frauen und Mägde nieder. Der Heilige war verschwunden. Markus betrat die Kapelle und weihte sie dem Beschützer und Retter derer von Eppenstein, dem heiligen Evangelisten Markus. Graf Eberhard aber gab der Burg Brubach den Namen Markusburg. Im Volksmunde wurde sie seitdem die Marksburg genannt.

Elisabeth, von der Begebenheit niedergeschmettert, trat in das Kloster Marienberg zu Boppard ein. Sie wurde eine dem Herrn treu ergebene Nonne.

Es war bereits ein Jahr verflossen, dass der Schleier sich über Elisabeth gesenkt hatte, da kam frohgemuts ein Ritter rheinaufwärts geritten. Es war Siegbert von Lahneck, der nach langem Krankenlager in Feindesland nach jener Schlacht auf dem Marchfelde heimzog. Droben, am schwindelnden Abhange, oberhalb Koblenz, stand eine Burg seines Vaters, hierhin lenkte er zuerst seine Schritte. Bald würde er den trauten Sitz mit dem schöneren Lahneck vertauschen. Er würde dort jubelnd begrüßt als Herr einziehen, Elisabeth von Eppenstein als sein Gemahl, zur Seite. So träumte der Ritter, als sein Pferd den steilen Pfad zur Burg hinaufkeuchte. Verwundert hieß ihn der alte Vogt willkommen, als Siegbert nach Elisabeth frug, schwieg er. Dann aber, nach langem Drängen seines jungen Herrn, erzählte er alles, was sich begeben hatte. Schweigend verließ Siegbert drob das Gemach.

Dämmerung hatte sich über das Rheintal gebreitet. In der Ferne stand der Mond über dem waldigen Gebirge. Drunten gleißte der Rhein im Mondlicht. Auf den Burgen und in den Städten glomm Lichtlein für Lichtlein auf und grüßten zu dem einsamen und verzweifelten Ritter auf den Felsenabhängen herüber.

Am nächsten Morgen fanden Bauern, die zur Stadt fuhren, den Ritter Siegbert von Lahnes tot am Fuße der Felswand liegen. Jener Berg, von dem der Ritter hinabstürzte, trägt seit jener Zeit den Namen »Rittersturz«.

Burg Lahneck

Die Tempelritter von Lahneck

Gegenüber von Koblenz erhebt sich oberhalb Lahnstein mit fünfeckigem Bergfried Lahneck, eine der wenigen rheinischen Burgen, die aus den Ruinen zu einem wohnlich eingerichteten Herrensitz wiedererstanden sind. An Lahneck, das in demselben Jahr wie das Heidelberger Schloss den Horden des dreizehnten Ludwig erlag, knüpft sich eine ernste Sage. Die Tempelherren, deren Ordenshaus in Jerusalem stand, sollen jene Feste erbaut haben, deren mächtiger Wartturm die Zimmer dreißig Meter überragte.

Der Reichtum der Templer ward ihnen zum Verderben; der schnöde Franzosenkönig Philipp, den sie den Schönen nannten, erwirkte auf Grund schwerwiegender Anklagen beim Papst die Aufhebung des gelästerten Ordens und schleppte ihren Großmeister mit fünfzig Getreuen auf den Scheiterhaufen. Allerorten verfolgte alsbald die verfemten Ritter grausame Ausrottung, wobei Einziehung ihrer reichen Güter mehr als der Glaubenseifer gegen die vermeintlichen Ketzer und Sünder den Ausschlag gab.

Auf das stolze Lahneck, das zwölf Tempelherren mit ihrem Ingesinde beherbergte, lichteten sich begehrlich die Blicke Peter von Aspelts, des Erzbischofs von Mainz. Seinem Geheiß, um ihres vorgeblich tadeligen Wandels willen die Burg zu räumen und den weißen Wappenmantel mit dem roten Kreuz gegen die büßende Mönchskutte zu vertauschen, boten die Zwölfe als Ritter ohne Furcht und Tadel Trotz.

Dies entfachte noch mehr des Bischofs Habgier und Zorn. Von dem Papst, den er auf dem Siechenlager zu Avignon mit eigner Hand erfolgreich gepflegt hatte, erwarb Peter von Aspelt sich einen besonderen Freibrief über Gut und Leben der Gebannten auf Lahneck. Zog dann mit vielen Vasallen und Söldnern rheinabwärts und überbrachte den Templern auf Lahneck das päpstliche Schreiben mit dem Befehl, sich zu unterwerfen, andernfalls die Burg mit Sturm genommen und die Insassen als unbußfertige Sünder dem schmachvollen Tod durch Henkershand überliefert würden.

Der Älteste der Zwölf, ein silberhaariger Greis, gab im Namen seiner Brüder die Erklärung ab, dass sie entschlossen seien, bis zum letzten

Blutstropfen zu kämpfen; ingleichen seien sie erbötig, gleich ihren Brü-
dern in Frankreich Folterqual und Ketzertod zu erleiden.

So begann der Kampf der Übermacht gegen die Minderheit. Mit blutigen
Köpfen wurden die Kurfürstlichen von den Rittern und ihren getreuen
Knappen heimgewiesen; aber immer neue Mannen schickte der Erzbischof in den Sturm. Spärlicher wurden mit den kommenden Tagen die
Reihen der Verteidiger. Unter ihnen ragten beim Kampf von Mann gegen Mann im wehenden weißen Mantel mit blutrotem Kreuz die Hel-
dengestalten der zwölf Templer hervor. Dann sank einer der Zwölfe an
der löwenhaft verteidigten Mauerscharte unter dem zerhauen Schild mit
brechenden Augen nieder; der zweite folgte ihm und der dritte. Die andern, aus vielen Wunden blutend, verdoppelten mit dem zusammenge-
schmolzenen Häuflein der Burgleute ihre Tapferkeit; aber unbarmherzig
mähte der Tod in ihrer Mitte.

Als am Abend des heftigsten Sturmes die siegreichen Belagerer ihre
Fähnlein auf die eroberten Zinnen pflanzten, stand jener silberhaarige
Komtur, der vordem den Sprecher abgegeben, als letzter in blankem
Harnisch unter den Leichen seiner gefallenen Brüder.

Ihn hieß der Bischof, gerührt durch solch ehrwürdigen Heldensinn, er
möge sich ergeben. Er aber schmähte den ländergierigen Kirchenherrn;
seine Kräfte strafften sich, und er drang mit hochgeschwungenem
Schwert auf seine Feinde ein. Da fällten deren Streiche auch den letzten
der Zwölfe, und über seine Heldenleiche drangen die Mainzer in die
herrenlose Burg.

Peter von Aspelt machte Lahneck zum Wohnsitz und Schutzort eines
kurmainzischen Amtmanns und ernannte als ersten Hartwin von Win-
ningen. So blieb die Burg über dreihundert Jahre kurmainzisch; aber die
Mär von den heldenhaften zwölf Templern auf Lahneck hat sich bis heute in der dortigen Gegend erhalten.

Andernach

Genoveva

I.

In allen Gauen des Rheines wird sie mit Verehrung genannt, des Pfalzgrafen Siegfried tugendreiche Gemahlin, die heilige Genoveva. In der

Mayenfelder Aue, westlich der alten Stadt Andernach stand das Schloss des Pfalzgrafen zurzeit, als Karl, des großen Frankenkönigs gleichnamiger Ahn, das Land der Westfranken regierte. In herzlicher Eintracht lebte der junge Pfalzgraf mit seinem holden Ehegemahl in der Burg Hochsimmern.

Da trübte das erste Wölkchen die Sonne des ehelichen Glücks. Aus Spanien her waren die gefürchteten Araber in Gallien eingedrungen, und ein Ruf des Schreckens ging durch die christlichen Frankenlande. Auch in die Burg des Pfalzgrafen drang der Aufruf des Herrschers zur Teilnahme am Kampfe. Da legte Herr Siegfried die Rüstung an, küsste sein weinendes Weib und nahm Abschied von der Burg seiner Väter. Schwer ward ihm das Scheiden von der trauernden Gemahlin. Dringend empfahl er die Teure seinem Hausmeister Golo, und die Gattin bat er, jenem zu vertrauen in allen Dingen.

Überaus schmerzlich waren für die Pfalzgräfin die Tage der Trennung von ihrem geliebten Eheherrn. Gar tief empfand sie die Einsamkeit in der großen Burg, denn zu jenem, der ihr als Hüter beigegeben war, vermochte sie nicht zu reden wie mit einem Freunde. Ihr reines Frauenauge erschrak vor der fremdartigen Glut, die aus den dunklen Augen Golos flammte.

Die geheime Scheu, welche die Pfalzgräfin vor dem Hausmeister empfand, mochte wohl berechtigt sein. Denn schon lange war dieser von heißer Leidenschaft zu seines Herren Weib ergriffen, und nun der Pfalzgraf in fernem Lande weilte, ließ er sich so weit hinreißen, die schöne Herrin um ihre Liebe anzuflehen.

Entsetzt war Genoveva über die schmachvolle Zumutung. Mit Entrüstung und Verachtung wies sie den Verwegenen zurück. Sie verbot ihm, der seine Pflicht so schmachvoll vergessen hatte, ferner vor ihrem Angesicht zu erscheinen und drohte ihm mit Anklage bei ihrem Gemahl.

Da flackerten Golos Augen auf, ein Strahl tödlichen Hasses traf die ihn züchtigende schöne Frau, und eines Tages trat er der entsetzten Pfalzgräfin vor allen Leuten des Schlosses entgegen, beschuldigte sie mit blitzenden Augen, dass sie ihrem fernen Gemahl die Treue gebrochen mit einem gemeinen Knecht, der ihre Stute sattle, und ließ die Edle ins Gefängnis werfen.

Im feuchten Burgverlies erwachte aus ihrer Ohnmacht die unglückliche Pfalzgräfin. Schmerzvolle Stunden standen ihr bevor. Sie genas eines Knäbleins. Sie taufte es mit ihren Tränen und gab ihm den Namen Tristan, d. i. Schmerzenreich.

II.

Um dieselbe Zeit wurde im fernen Frankreich eine der großen Entscheidungsschlachten der Welt geschlagen. Bei Tours und Poitiers ist es gewesen, wo die in Europa eindringenden Araber besiegt und zurückgeschlagen wurden von dem gewaltigen Majordomus der merowingischen Könige: Karl Martell, dem Großvater Karls des Großen. Und ihm zur Seite focht Siegfried, der Pfalzgraf. Er kämpfte wie ein Löwe, und Gottes Schutz war mit ihm bis zum Ende der Schlacht.

Da kam eines Tages ein Bote aus dem Mayenfelder Gau, der brachte dem Pfalzgrafen ein Pergament, von Golo, dem Hausmeister, geschrieben. Es enthielt die vernichtende Kunde: »Eure Hausfrau hat Euch schmählich die Treue gebrochen mit Drago, dem entlaufenen Rossbuben.«

Des Helden Finger umkrallten das Schriftstück, ein Stöhnen entfuhr dem blassen Mund, noch zur selbigen Stunde ist er mit wenigen Knappen aufgebrochen, ist geritten Tag und Nacht, ruhelos, bis in seinem Burghof Golo, der Schreiber des Briefes, ihm gegenüber stand.

»Wo ist der Frevler, dass ich ihn zerschmettere, der meines Hauses Ehre befleckte!« ruft der Pfalzgraf.

»Herr, grausam strafte ich den Elenden an seiner eigenen Sünde und habe ihn dann mit Peitschenhieben vertrieben aus dem Schloss«, entgegnete Golo.

Tiefauf seufzt der Pfalzgraf. Schweigend winkt er Golo, und ein Strahl teuflischer Freude zuckt in des Falschen Augen.

Am andern Morgen führten im ersten Frühlicht zwei Knechte die Unglückliche hinaus in den Wald mit dem strengen Befehl, dort Weib und Kind zu töten und zum Beweis des vollführten Befehls ihre Jungen heimzubringen.

Aber das Mitleid wandelte die beiden an und entwaffnete ihre Hand, welche die Mordwaffe trug. So schleppten sie nur Mutter und Kind tief in den verwilderten Wald, wandten sich dann hastig ab und überließen ihre Opfer sich selbst.

Zwei Rehzungen brachten dem Pfalzgrafen die Männer und berichteten, dass sie des Auftrages getreulich sich entledigt hätten.

III.

Das Leid wob schwarz und schwer seine Wolken über Genovevas kummervolles Dasein. Schmerzversunken irrten ihre müden Füße durch den unbekannten Forst. Der Hunger kam und meldete sich zu Gast. Leise wimmerte das Knäblein in ihrem Arm, und ein inbrünstiges Flehen sandte die verzweifelnde Mutter zum Himmel. Des Herzens unerträgliches Weh löste sich in eine Flut heißer Tränen. Leichter ward ihr dann. Der Knabe war, nachdem er sich ausgeweint, entschlafen. Genoveva aber sah, wie vom Himmel geführt, zu dem sie geschrien, vor sich eine Höhle, die ihr Schutz und Zuflucht versprach. Und als wollte Gott ihr zeigen, dass er ihrer mild gedenke, kam eine weiße Hirschkuh in die Höhle und kauerte sich zutraulich zu der Verlassenen Füßen. Es strotzte ihr Euter, sie musste vor etlichen Tagen Junge geboren haben. Willig ließ das sanfte Tier es zu, dass die fremde Frau ihr Kindlein labte. Auch am andern Morgen kam die Hindin wieder, Genoveva aber dankte Gott aus tiefbewegtem Herzen. Sie fand Wurzeln, Beeren und Kräuter, ihr Leben zu fristen. Das zahme Tier kam täglich in die Höhle und blieb endlich beständig bei ihr.

IV.

Eines Tages verfolgte der Pfalzgraf auf der Jagd eine weiße Hirschkuh, als plötzlich das edle Tier in einer Höhle verschwand. Und eine Frauengestalt trat aus der Felsöffnung, ein Knäblein an ihrer Hand führend. Sie erblickt den Jäger, und ein Schrei entfährt ihrem Mund, halb Jauchzen, halb Gestöhn, und dem Pfalzgrafen stürzt sie zu Füßen. Ihren Lippen entfließen Beteuerung und Anklage verfolgter Unschuld. Wie Feuer strömen ihre Worte in des Pfalzgrafen Seele, wie Feuer, das erhellt, läutert und erglüht. Und in jäher Erkenntnis der Wahrheit zieht der Pfalzgraf sein Wiedergefundenes Weib an die Brust.

Ins Hifthorn stützt er dann. Das Gefolge naht; auch Golo. Ihn reißt mit funkelnden Blicken der Pfalzgraf aus dem Kreis der bestürzten Knappen vor Genoveva.

»Kennst du diese?«

Wie von Keulenschlägen getroffen, brach der Bösewicht zusammen und umklammerte geständig die Knie des Gebieters, der ihn verächtlich von sich stieß. Er beichtete seinen Frevel und wimmerte um Gnade. Siegfried aber schüttelte das Haupt, ließ ihn fesseln und wegführen. Schmählicher Tod ward, trotz der Pfalzgräfin Fürbitte, Golos gerechte Strafe.

Neues Glück spannte seinen lichten Himmel über den Pfalzgrafen Siegfried und sein engelgleiches Weib. Mit verdoppelter Zärtlichkeit verschwendete der Pfalzgraf seine Liebe an der gütigen Gattin und seinem blühenden Knaben. Zum Dank gegen den Himmel ließ er im Forst, wo der Hindin Spur ihn in die Höhle geführt hatte, eine Kirche bauen. Oft wallte die fromme Pfalzgräfin zu jenem Gotteshaus und pries die untrügliche Weisheit dessen, der ihrer geläuterten Seele reiche Gnaden aus Tränen erblühen ließ.

Eines Tages hat man unter tiefer Trauer ihre Hülle hinausgetragen und, dem Wunsch der Entschlafenen gemäß, in jener Kirche beigesetzt. Noch heute steht die alte Frauenkirche zu Laach in der Mayenfelder Au, noch jetzt zeigt man dem Wanderer das Grabmal, den Turm, worin sie schmachtete, die Felshöhle, worin sie litt, und niemand ist im Rheinland, der sie nicht kennt, des Pfalzgrafen Siegfried tugendreiche Gemahlin, die heilige Genoveva.

Burg Hammerstein

Der töchterreiche Ritter

Oberhalb Rheinbrohl trauern auf düsterem Grauwackenfels die tausendjährigen, verwitterten Ruinen der Reichsfeste Hammerstein. Einer ihrer ersten Besitzer war Wolf von Hammerstein, ein treuer Untertan des Kaisers. Diesem, der vierte Heinrich ist's gewesen, hat eigene und fremde Schuld die Herrscherkrone mit Dornen umrankt. Den unvergessenen Büßergang nach Kanossa hat der Graf von Hammerstein mitgemacht. Ist dann wegen der Gebresten des nahenden Alters von seiner Burg nicht mehr gern heruntergestiegen. Von fern schlug manchmal an sein Ohr der laute Trompetenton der Welt.

Sechs Töchter waren Herrn Wolf von Hammerstein aus der Ehe mit seiner seit Jahren entschlafenen Hausfrau erblüht, allesamt liebliche Jungfrauen und dem alternden Vater in zärtlicher Verehrung zugetan. Die

Kindesliebe, die ihn umhegte, fiel indes bei dem rauen Recken auf steinichten Grund. Dass ihm kein Sohn beschert worden, quälte ihn sehr. Hätte willig für einen männlichen Spross das halbe Dutzend Mägdlein hergegeben. Nicht unbekannt blieb's den Sechsen, und eifrig bemühte sich ein jedes, durch überschwängliche Herzlichkeit den unwirschen Vater mit seinem Geschick zu versöhnen.

So geschah es eines Abends. Draußen fauchte wie ein krächzender Rabe der Herbstwind um die Burg, drinnen saß am wärmenden Herdfeuer, von der bösen Gicht geplagt, Ritter Wolf, trotz der fraulichen Aufmerksamkeiten der Töchter in höchst übler Laune. Scheuen Tauben gleich duckten sich vor dem grämlichen Alten die zierlichen Mägdlein.

Da meldet der Torwart in später Stunde noch zwei Gäste. In einen ritterlichen Wappenmantel seien beide gehüllt. Trotz des Zipperleins erhebt sich der gastliche Burgherr. In den durchwärmten Raum treten fröstelnd zwei wegemüde Wanderer und erbitten als Geächtete Schutz und Obdach.

Beim Klang der Stimme des einen hat der Ritter aufhorchend sich emporgereckt, und wie dann der Fremdling das Visier lüftete und den Mantel zurückschlug, da ist Herr Wolf von Hammerstein mit ehrerbietigem Kniefall zu seinen Füßen gesunken, hat beide Hände des andern ergriffen, seine bärtigen Lippen darauf gedrückt und ausgerufen:»Heinrich, mein Herr und König!«

Dem alten Waffengefährten von weiland hat dann der Kaiser mit verschleierter Stimme gestanden, wie er auf der Flucht sei vor dem, der ihm den Königsmantel von den Schultern und die Krone vom Haupt gerissen habe. Und als der Ritter, bebend vor Erregung, rief, wer jener gott- und ehrlose Frevler sei, da raunte, das Haupt tief auf die Brust gesenkt, der Kaiser:»Mein Sohn!« und bedeckte das Gesicht mit den Händen. Starr wie ein Marmorbild stand der Ritter, die Vaterseele vom Blitzstrahl der Erkenntnis jäh erhellt.

Von den Armen seiner Töchter fühlte der Alte sich plötzlich sanft umschlungen, und wie er die Hände nach ihnen ausbreitet, als wolle er mit der Zärtlichkeit einer Minute das Unrecht jahrelanger Lieblosigkeit gutmachen, fühlte er Tränen darauf. Zu dem Ritter sprach in herber Ergriffenheit der Kaiser:

»Beneidenswerter Waffengefährte, treuer Töchter Herzen schlagen für dich über dein Grab hinaus und kein missratener Sohn, der dein Lebensende nicht erwarten kann, jagt dich dereinst im grauen Haar von deiner eigenen Scholle! Weh mir, der ich mit den wenigen Getreuen, die mir geblieben sind, morgen hinziehen muss in den unabweisbaren Kampf gegen mein eigenes Blut!«

Während um Mitternacht der unglückselige König im wohnlich bereiteten Gemach in unruhigen Schlummer versank, überschüttete der tiefbewegte Burgherr seine Töchter mit nie gekannten Liebkosungen. Hat zugleich im Herzen drinnen manchen Groll vergangener Tage seinem Herrgott abgebittet, der ihm keinen Sohn bescherte.

Drei Monate waren seitdem vergangen. Da kam eine Trauerkunde aus den Niederlanden an den Rhein. Kaiser Heinrich ist gestorben. Mitten in neuen Rüstungen ereilte ihn der Tod. Seine Getreuen waren darob tief betrübt. Wohl niemand mehr als der Wolf von Hammerstein. Was ihn aber zumeist erschütterte, war der Botschaft zweiter Teil. Dem unseligen Kaiser wurde die geweihte Erde verweigert. In Lüttich stand sein Sarg missachtet in einem Kellergewölbe. Wer wollte, der mochte hinzutreten und den Gebannten schmähen oder für sein Seelenheil beten, just wie er über ihn dachte. Als er dies vernahm, hat der Ritter Tod und Teufel geflucht, und etliche Nächte hat er kein Auge geschlossen. Dann war sein Entschluss gefasst. Der Töchter Bitten und Weinen machte den Alten nicht schwankend.

Eines Tages stand er vor dem Erzbischof in Köln und erinnerte daran, wie er vor mehr als zwanzig Jahren ihm das Leben gerettet und wie jener damals gelobt hatte, dem Hammerstein werde er zeitlebens jedweden Wunsch erfüllen.

Ein hitziges Wortgefecht ist zwischen dem Bischof und dem Ritter entbrannt. Aber der Vasallentreue wurde der erhoffte Lohn. –, Die mächtige Fürsprache des Kölner Kirchenfürsten erleichterte dem Ritter den schweren Bittgang zu den Lütticher geistlichen Herren. Umgeben von frommen Frauen und ernsten Männern, kniete er eine Woche später vor dem Sarkophag, drückte seine bärtigen Lippen darauf und murmelte: »Heinrich, mein Herr und König!« Hat dann den Leichnam unter sicherem Geleit nach Speyer überführt, wo er in der Kaisergruft beigesetzt wurde.

Als das Totenschiff, von ihm befehligt, von Köln langsam den Rhein hinauffuhr, haben von den Burgen droben schwarze Fahnen trauernd den toten Herrscher begrüßt. Den Hammersteiner haben noch späte Geschlechter als des Königs Heinrich getreuesten Vasall gefeiert.

Rolandseck

Ritter Roland

I.

Ein Kranz gefeierter Helden umgab den großen Kaiser Karl. Der Paladinen Krone aber war der Neffe des Frankenkönigs, Graf Roland von Angers. Keines Ritters Name glänzte wie der seine in Schlacht und Turnier. Ihn verehrte die wehrlose Unschuld, ihn bewunderten die Freunde und achteten die Feinde. Sein ritterlicher Geist war dem üppigen Wohlleben abhold. In männlichem Stolz den dauernden Aufenthalt an des Kaisers Hoflager verschmähend, trat er vor seinen kaiserlichen Ohm und erbat sich von ihm die Gewähr zu Fahrten in jene Länder des gewaltigen Frankenreiches, die ihm bisher fremd geblieben waren. Sein jugendlicher Tatendrang sehnte sich nach ritterlichen Abenteuern und Gefahren. Wehmutsvoll sah der große Karl den jugendlichen Ritter von seinem Hof scheiden; unfroh willfahrte er seiner Bitte.

Und so verließ denn im grauenden Tag der ritterliche Held den Kaiserpalast an der Seine und ritt, nur von seinem treuen Knappen begleitet, nach Sonnenaufgang; dem Wasgau galt sein nächstes Ziel. Auf der Burg Niedeck bei Haslach hielt er Einkehr und ebenso bei Attich, dem Herzog im Elsass.

Weiter zog Roland, und als er eines Abends den Wasgenwald hinunterritt, begrüßte ihn aus der Ferne des Rheines schimmernde Flut. Breit wälzten die fessellosen Wogen sich über das Bett des Stromes und bespülten schonungslos zur Linken und Rechten die Ebene. Kargen Reiz bot der Fluss hier in seiner schrankenlosen Wildheit. Aber dem Ritter war bekannt, dass bald das Bild sich ändern werde. Rheinabwärts zog er, wo den gebändigten Strom gewaltige Bergriesen in festgefügte Grenzen engen. In seinen Fluten steht siegend ihr Fuß; nur manchmal treten sie willig zurück und lassen dem Knappen und Kaufherrn einen Saum Landes, oft kaum so breit, dass ein Gefährt vorbei kann. Auf ihrer Höhe schauen stolze Burgen in die Gaue und künden dem Wanderer drunten den Ruhm und Reichtum alter Geschlechter. So machte Roland manche

Tagereise auf seiner fröhlichen Rheinfahrt. Er begrüßte manche sagen-
und erinnerungsreiche Stätte, den steilen Lurleifelsen, wo in milden
Vollmondnächten die Wassernixe sang, das freundliche Örtchen, wo St.
Goar gelebt und gewirkt zu Childeberts, des Merowingers Zeit (jener
wunderliche Heilige, der jüngst Rolands kaiserlichem Ohm einen dich-
ten Nebel nachschickte, ihn nötigend, auf freiem Feld zu übernachten,
sintemal des Carolus Magnus Majestät unterlassen hatte, auf der Fahrt
von Ingelheim nach Koblenz vor des Heiligen Kapelle das Knie zu beugen), die Mayenfelder Au bei Andernach, wo Genoveva gelebt, des
Pfalzgrafen Siegfried tugendreiche Gemahlin.

Und nun nahte Roland der Stelle, wo den Strom, am Ende des Rheintales
angelangt, mit burggekrönten Häuptern sieben gewaltige Trachytriesen
umstehen, gleich jenen sieben gekrönten Paladinen, die in späterer Zeit
des deutschen Kaisers heilige Person huldigend umstanden. Ein waldiges Eiland lugt dort grüßend aus der dämmergrünen Flut. Rotgoldiger
Abendsonnenglanz hinter den sieben Bergen. Auf den Bergrücken zahllose Rebengelände, links leuchtende Buchenhaine, aufsteigend bis zur
Höhe der schroffen Kuppe, rechts des Stromes murmelnder Wellenschlag, drüben, weit sichtbar auf dem sagenumwobenen Fels, wo voreinst ein scheußlicher Lindwurm gehaust, die Mauerkronen eines Ritterschlosses. Hoch über allem, auf dunklen Flügeln niederschwebend, die
Nacht im Sternengoldgewand!

Schweigend hält der Ritter. Sein Blick ruht bewundernd auf der reichen
Schönheit, die das Rheintal hier bietet. Unruhig stampft des Rosses Huf,
besorgt schaut der treue Knappe zum dunkelnden Himmel. Schüchtern
mahnt er den Herrn, dass es Zeit sei, ein Nachtlager zu suchen.

»Drüben auf jener erleuchteten Burg möchte ich es erbitten«, sprach Roland, den mit einem Male eine nie gekannte Weichheit des Gemütes erfasste. Dem Knappen gebot er, nach des Schlosses Namen den Fergen zu
fragen, der drunten seinen Nachen löste zum nächtlichen Fang.

Die Feste gehöre den Drachenburgern, Traf Heribert hause dort zur
Stunde. Also lautete die Antwort, und Freude blitzte aus Rolands Au-
gen. Vieledlige Grüße und Botschaft waren ihm aufgetragen wurden an
den alten Grafen auf der Drachenburg von ritterlichen Freunden am
Oberrhein und in Rheinfranken. Roland säumte nicht länger mit seinem
Entschluss. Bald durchfurchte ein Boot die dunkle Flut.

II.

Nacht war's mittlerweile geworden. Durch des Waldwegs Dunkel zeigte ihnen der schimmernde Vollmond den Weg zur Höhe. Gar freundlich bot Graf Heribert, eine würdige Rittergestalt in der Fülle der Jahre, dem Neffen seines kaiserlichen Herrn auf seiner Burg Willkommen. Bis zur zwölften Stundenwende pflegten die beiden in dem Gemach des Schlossherrn unterhaltende Rede.

Am andern Morgen stellte Graf Heribert dem Ritter sein Töchterlein Hildegund vor. Voll geheimer Bewunderung hing Rolands Auge an der lieblichen Jungfrau. Nie hatte bisher Frauenanmut tiefere Gefühle in seiner Seele geweckt. Nach Waffenruhm und Heldenwagnis, nach Kampfspiel und Fehde hatte sie stets gedürstet, nun aber berührte über Nacht den kühnen Kämpen der Zauberschlag der Liebe. Er, der gefürchteten Gegnern blitzend ins Auge geschaut, beugte das Haupt in mädchenhafter Verwirrung vor dem holden Zauber Hildegundis. Doch auch sie stand in zarter Scheu vor dem Helden, dessen Namen gar einen guten Klang besaß in den Landen auf und ab am Rhein.

Der alte Ritter löste der Szene unmerkliche Benommenheit. Mit heiterem Scherzwort schloss er die zage Zwiesprache des jugendschönen Paares und geleitete den Gast durch des Schlosses prunkvolle Räume.

Länger weilte Roland auf der gastlichen Drachenburg, als er jemals auf einem andern Schloss gerastet in den Gauen des Rheines. Mit unlöslichen Banden hielt es ihn auf der paradiesischen Höhe. Strahlend hob in seinem Herzen die Liebe ihr Haupt, und auch in Hildegundis reine Seele warf sie den lohenden Flammenbrand, und eines Tages –, um die lindenbeschattete Steinbank im Burggarten spann die Dämmerung silbergraue Fäden –, senkte sie Hand in Hand, Auge in Auge, Mund auf Mund und schwebte jauchzend über denen, die sie verbunden, eine allsiegende Königin.

Willig vertraute Graf Heribert dem gefeierten Paladin sein holdseliges Töchterlein an.

Mit fröhlichen Hoffnungen schmückte er den Liebeslenz seines einzigen Kindes. Eine Burg sollte sich erheben auf der Felsenhöhe drüben am Rhein, der Drachenburg gegenüber. Als stolze Warte sollte sie von jenem schroffen Felseneck hineinschauen in das wunderherrliche Siebengebirge, die künftige Rolandsburg. Schon wuchsen ihre Mauern empor, und täglich standen die Verlobten auf dem Söller der Drachenburg und blickten hinüber, wo fleißige Werkleute zimmerten und Steinmetzen hämmerten, und Schön-Hildegund rankte goldene Zukunftsträume um das neue Heim, worin sie mit treuer Liebe fesseln wollte den abenteuergewohnten Helden.

Da erschien eines Tages ein Bote auf schäumendem Ross in der Drachenburg. Von der Kaiserstadt Worms kam der Abgesandte des kaiserlichen Ohms und brachte Kunde von dem Kreuzzug, den der Kaiser beschlossen gegen die Ungläubigen hinter den Pyrenäen. Karl wünscht den erprobten Ritter unter seinen Heerführern. Schweigend nahm Roland die Botschaft des hohen Gebieters entgegen. Er sah auf Hildegund, die mit totenbleichem Antlitz neben ihm stand, und grausam wühlte der Harm in seinem Herzen. Doch die Stimme der Pflicht weist seinem heldischen Geist den Weg. Den Königsboten heischt er, seine Ankunft im kaiserlichen Heerlager zu melden für den drittfolgenden Tag. Mit umdüsterten Brauen wendet er sich ab. An seiner Brust liegt schluchzend Hildegunde.

III.

Heiß stritten im Lande der Iberer Kreuz und Halbmond um die Herrschaft. Heftige Schlachten wurden geschlagen, und viel Blut floss von Christen und Ungläubigen. Herrliche Siege erfochten des Frankenkönigs tapfere Paladine, allen voran Roland. Sein Schwert bahnte dem Kaiser die Triumphwege, es deckte des Kaisers Heer, als es siegreich in unbekanntem Feindesland einherzog. Zu Ronceval war's, in jenem Tal, von dem seither gar viele Dichter gesungen haben in deutschen und welschen Landen.

Vom Hauptheer getrennt, zieht Rolands Nachhut ihre Straße auf dämmerndem Waldweg. Da ertönt plötzlich verworrenes Geschrei zur Linken und Rechten von den Höhen, Verderben drohend dringen feige Mauren auf das Häuflein der Franken ein. Löwenmutig kämpfen diese. Wie ein Königsaar fliegt Rolands Schlachtross Brilliador bald hierin, bald dorthin, und manchen Sarazenenschädel spaltet sein mächtiges Schwert Durando. Aber die Übermacht siegt über die Tapferkeit. Immer lichter wird die Schar der Franken, und nun sinkt auch Roland, von dem Lanzenstich eines riesigen Mauren getroffen. Über ihn weg wogt der wütende Kampf. Als die Nacht trauernd ihren dunklen Mantel über die Walstatt breitete, hatten die Ungläubigen ihr scheußliches Werk vollbracht.

Erschlagen lagen die Franken. Nur etliche waren dem Verderben entronnen.

Wo ist Roland? klang die bange Frage. Er war nicht unter den Geretteten. Wo ist Roland? fragte bestürzt der große Karl die müden Boten. Im ganzen Reich hallte ihre Antwort wider: Roland, der Held, fiel im Kampf gegen die Sarazenen. Wo man die bange Mär hörte, weckte sie wehe Gefühle.

Auch am Rhein ward sie vernommen. Eines Tages erschienen auf der Drachenburg die Königsboten und überbrachten mit des Kaisers innigem Beileid die schmerzliche Post. Tiefauf seufzte der alte Heribert und bedeckte mit der Hand die Augen. Einen schrillen Aufschrei tat Hildegund. Herzbrechend war ihr Jammer. Vor dem Bild der Schmerzenreichen lag sie schluchzend auf den Knien und flehte um Trost in tiefstem Leid. Tagelang schloss sie sich ein in ihr Kämmerlein, und selbst des Vaters sanfter Tröstung gelang es nicht, ihren milden Jammer zu lindern.

Wochen schwanden. Dann trat eines Tages die vergrämte Maid in des Ritters Gemach, gefasster als sonst. Verklärt schien ihr Schmerz. Und wie er die Kniende an sich zog, enthüllte sie dem Vater den Entschluss, der in ihrer leiderprobten Seele gereift war. Schmerzlich haben die Augen des Grafen Heribert gezuckt. Dann hat er einen Kuss auf ihre reine Stirn gedrückt.

Dann ist ein Tag gekommen, wo auf dem Eiland Nonnenwerth dort unten die Klosterglocken feierlich läuteten. Vor dem Altar kniete verschleiert eine neue Novizin, des Grafen Heribert holdselige Tochter. In des Klosters weltentrückter Stille suchte sie den Frieden, den sie in der väterlichen Burg nicht fand. Mit einem letzten Aufweinen hatte sie des Geliebten teuren Namen aus dem tiefwunden Herzen gerissen, die Flammen trauernder Liebe gelöscht, und nun sollte es für immer erfüllt sein mit dem heiligen Feuer reiner Gottesminne. Vergeblich hoffte der gebeugte Vater, die ungewohnte Einsamkeit der strengen Klausur werde den Entschluss der geliebten Tochter wankend machen und sie am Ende des Probejahres zurückführen in seine Arme. Im Gegenteil; inständigst bat die gottliebende Jungfrau den Bischof, dem Geschlecht des Vaters verwandt, er möge ihr das Probejahr erlassen und ihr schon nach kürzerer Zeit gestatten, das unwiderrufliche Gelübde vor dem abzulegen, dem sie sich auf immer angelobt habe. Ihr sehnsüchtiger Wunsch ward erfüllt. Drei Monate waren verflossen, da fiel das goldene Haargelock von

Hildegundis Haupt, und des Drachenburgers holde Tochter weihte sich durch feierlichen Schwur auf Lebenszeit dem Herrn des Himmels.

IV.

Monde waren seitdem vergangen. Es starb der Lenz, und die Garben reiften auf den Feldern. An der Stelle, wo den Strom, am Ende des Rheintales angelangt, mit burggekrönten Häuptern sieben gewaltige Trachytriesen umstehen, hält rastend mit seinem Tross ein Ritter. Noch ist's nicht allzu lange, da hat er fern im Süden, wo die Sonne Iberiens das Tal von Ronceval bestrahlt, in einer elenden Hirtenhütte gelegen. Dorthin hatte der treue Knappe den Gebieter geschleppt, dem eine maurische Lanze sich in die Brust gebohrt. Hier hatte der kühne Held und Heerführer wochen- und mondenlang auf dem Siechbett gelegen und mit dem Tod gerungen, bis seine kraftgestählte Natur jenen bezwang. Roland erholte sich unter liebevoller Pflege, während man im Frankenlande ihn als Toten betrauerte. Nun war er zurückgeeilt zu der Stätte, wohin es ihn drängte mit unbezwingbarer Gewalt.

Ein waldiges Eiland lugt grüßend aus der dämmergrünen Flut. Rotgoldiger Abendsonnenglanz über den sieben Bergen. Auf den Bergrücken zahllose Rebgelände, links leuchtende Buchenhaine, aufsteigend bis zur Höhe der schroffen Kuppe, rechts des Stromes murmelnder Wellenschlag, drüben weit sichtbar auf dem sagenumwobenen Fels, wo voreinst ein scheußlicher Lindwurm gehaust, die Mauerkronen eines Ritterschlosses. Hoch über allem die Nacht im Sternengoldgewand.

Schweigend hält der Ritter. Sein Blick ruht bewundernd auf der reichen Schönheit: wie vor Monden fasst den Träumenden eine seltsame Weichheit des Gemütes.

»Hildegund!« murmelt Roland und blickt hinauf zum sternbesäten Himmel.

Wieder durchfurcht wie dazumal ein Fahrzeug die dunkle Flut. Auf dem Waldweg, der zur Drachenburg führt, schreitet Roland, begleitet von seinem Knappen.

Erblassend starrt der alte Burgwart auf die späten Gäste. Er bekreuzt sich und stürzt hinauf in des Herrn Gemach. Da wankt eine Männergestalt herfür, von Alter und Gram gebeugt. Ihm eilt der Ritter entgegen. »Roland!« klingt es aus des ergrauten Burgherrn Munde. Schweigend hält der späte Gast den schluchzenden Alten umfangen. Als Roland wegzog vor Monden, fand sein Harm keine Tränen, nun flossen sie reichlich über seine faltigen Wangen.

Aus des andern Arm reißt sich der Ritter.

»Wo ist sie?« Gellend hallt die Frage. »Tot?«

Unsagbar traurig blickt Graf Heribert ihn an.

»Hildegund, die Braut des totgesagten Roland, ward eine Braut des Himmels.«

Da stöhnt der Held auf und verhüllt das Haupt.

Hat dann im Frühlicht die Drachenburg verlassen, eine Königseiche, vom Blitz berührt. In der Burg auf dem Felseneck drüben, die im Lenz seine hoffende Liebe sich erbaut hatte, ist er eingekehrt und hat dort die Kriegerrüstung abgelegt für immer. Erloschen waren die Sterne in seiner Brust, erstorben im Erdenleid sein Tatendurst. Tag um Tag ist er dort oben gesessen und hat unverwandt hinuntergeschaut auf das grüne Eiland im Rhein, wo jeden Morgen im Klostergarten die Nonne Hildegund einherwandelte zwischen den Büschen und blühenden Blumen. Bisweilen war es, als ob sie grüßend sich neige, und dann verklärte des Ritters Angesicht das Abendrot eines versunkenen Glückes.

Dann ward ihm auch dies genommen. Eines Tages blieb die Holde aus, und dann tönte klagend das Sterbeglöcklein auf dem stillen Eiland. Er sieht einen Sarg, den sie drunten hinaustragen zur Begräbnisstätte und hört der Nonnen Trauergesänge und -Gebete. Alle sieht er vorüberwallen, nur eine nicht. Und der Held verbirgt das Antlitz. Er weiß, wen sie zu Grabe tragen.

Der Herbst kam und wehte welkes Laub auf das Grab der Nonne Hildegund. Noch immer saß Roland droben und schaute regungslos allmorgens nach des Eilands Kirchhof. Und so fand ihn eines Tages der Knappe entseelt, die gebrochenen Augen nach der Stätte gerichtet, wo die Geliebte schlief, die verlorene.

Noch manch ein Jahrhundert krönte den Berg, den sie noch heute Rolandseck heißen, die Rolandsfeste. Dann sank auch sie in Trümmer, gleich der Drachenburg, deren Turm noch jetzt emporragt. Vor einem halben Jahrhundert ist in einer stürmischen Winternacht ihr letzter Torbogen eingestürzt. Man hat ihn wieder aufgebaut, und noch immer ragt von dem steilen Felseneck am Glanzpunkt des Rheintals der Rolandsbogen, die jetzigen Geschlechter erinnernd an ritterlicher Vorzeit treue Minne –, und zugleich an die schönste Sage des Rheinlandes.

Der Drachenfels

Die Sage vom Drachen

I.

Wenn der Rheinfahrer von Bonn stromaufwärts fährt, erblickt er bald zur Linken des Dampfers die malerischen Kuppen des Siebengebirges. Des vordersten Berges steilragenden Gipfel krönen noch heute Turm und Mauern eines alten Ritterschlosses. Von jenem vielbesuchten Berg mit dem schauerlichen Namen, wo es zur Sommerzeit nimmer still wird von Zechergesang und Becherklang, erzählt das Volk eine rührende Sage.

In den ersten Jahrhunderten nach der Geburt des Welterlösers nahmen die Germanen auf dem linken Rheinufer willig die Kreuzeslehre an, die ihnen der heilige Maternus, ein Jünger des großen Völkerapostels, aus Gallien herüberbrachte. Vergeblich waren indes die Bemühungen der Glaubensboten bei den heidnischen Stämmen des inneren Germaniens. Sie verharrten in ihrem Heidentum und verschlossen ihre Gaue feindselig den fremden Priestern aus jenem Reich, das bereits früher unter verschlagenen Heerführern seine gepanzerten Legionen ländergierig auf freie Männererde geführt hatte.

Damals soll ein gräulicher Lindwurm in einer Höhle des Felsens gehaust haben (die noch heute das Drachenloch heißt), ein Drache von scheußlicher Gestalt, der täglich sein Felsloch verließ und hinab in die Wälder des Tales raste, Menschen und Tiere bedrohend. Menschliche Kräfte waren ohnmächtig gegen das Ungetüm und vermeinend, eine erzürnte Gottheit verberge sich in dem schlangenartigen Molch, erwiesen sie ihm göttliche Ehren und opferten ihm Verbrecher und Gefangene.

Ein rau gesitteter Heidenstamm bewohnte den Fuß des Berges. Oft unternahmen die kriegslustigen Männer verheerende Raubzüge auf das jenseitige Ufer und trugen erbarmungslos Mord und Brand unter ihre christlichen Volksgenossen. Einst waren sie wiederum nächtens hinübergezogen und erbeuteten im Kampf mit den Überfallenen Gut und Gefangene. Unter den letzteren befand sich eine Jungfrau von auffallender Schönheit.

Zwei Heerführer, von ihrer Anmut entflammt, verlangten sie für sich, Horsrik der ältere, ein berühmter Häuptling, ein gefürchteter Kämpfer von ungewöhnlicher Körperkraft, der jüngere, Rinbold, von minder rohen Sitten, doch von gleicher Kühnheit.

Schaudernd wandte die liebliche Jungfrau sich zur Seite, als sie die beiden blitzenden Auges um ihren Besitz streiten sah. Ringsum die siegesfrohen Männer. Mehr noch als der Preis der eigenen Beute bewegt sie der Streit der Mächtigen um das gefangene Christenweib. Schon finden die grollenden Worte der beiden Gegner einen Widerhall in den Herzen der umstehenden Krieger. Horsrik fordert sie, der gefürchtete Kämpfer; Heilrufe aus der Männerrunde ermutigen ihn. Rinbold fordert sie, der jugendstolze Heerführer, zahlreichere Heilrufe aus der Männerrunde begrüßen ihn. Finster starrt der andere, seine Riesenfaust umklammert drohend den Streitkolben. Da lichten sich der Männer geschlossene Reihen. Zwischen die Streitenden tritt der Oberpriester, ein silberhaariger Greis mit strengen Zügen. Laut tönt des Greises harte Stimme: »Verflucht sei jeder Zwist um den Besitz der Fremdgläubigen! Nicht soll die Christin die Edelsten unseres Stammes entzweien. Keines Anteil werde die Tochter derer, die wir als Abtrünnige hassen. Dem Drachen sei geopfert die Stifterin unseligen Zwiespaltes. Zu Wuotans Ehre, den sie lästert und ihre Erzeuger, werde sie geweiht, wenn sein segnendes Sonnenauge sich öffnet zum andern Mal!«

Beifall murmeln die Männer, als erster Horsrik. Hocherhobenen Hauptes steht die Jungfrau. Schmerzlich und bewundernd hängt an ihrem engelgleichen Antlitz das Auge Rinbolds, des jugendlichen Führers.

II.

In der Frühe des folgenden Tages, noch ehe das Tagesgestirn im Osten erglühte, wurde es im Tal lebendig. Durch des Waldes Dämmer bewegte sich ein lärmender Zug hinauf zur Höhe. Voran die Priester, in ihrer Mitte, bleich, doch gefasst, die Gefangene. Schweigend hatte sie geduldet um des Herrn willen, dass des Oberpriesters knöcherne Hand um ihre Stirne die weiße Opferbinde wand und geweihte Blumen flocht in das gelöste Haar.

Mancher mitleidige Blick aus des Volkes Kreis hatte die Standhafte verstohlen gestreift, eines jugendstolzen Heerführers Augen hatten flammend aufgezuckt in verhaltenem Weh beim Anblick der todgeweihten Jungfrau.

Erreicht war der Felsvorsprung, den schon oftmals unschuldiges Menschenblut geschändet hatte. Wortlos umwanden die Priester ihren zarten Leib mit Stricken und schnürten ihn an den uralten heiligen Baum Wuotans, der den Schluchtrand weit überschattete. Keine Klage entfuhr der Christin Lippen, keine Träne schimmerte in ihren Augen, die verklärt hinausschauten in den frührotlichten Himmel. Des Volkes Schwarm lichtete sich und zerstob; schweigend standen in der Ferne die erwartungsvollen Heiden.

Die ersten Sonnenstrahlen fluteten über den Berg. Sie flammten in der Blumenkrone, die der Jungfrau Haar umschlang, spielten in dem geistentrückten Antlitz und umgaben es mit einem Glorienkranz von Licht und Schimmer. Die Christenjungfrau erwartet den Tod, wie die Verlobte den Bräutigam. Ihre Lippen bewegten sich im Gebet.

Da drang aus der Tiefe verworrenes Getön; der Drache fuhr fauchend aus seiner Höhle über den Waldweg. Er erblickt das Opfer an der Stätte, die seiner Blutgier bekannt ist. Hochauf krümmt sich der schuppengepanzerte Wanst, auf scharfkralligen Beinen gespreizt; lüstern wirbelt er den schlangenartigen Schweif und zeigt in grässlich gähnendem Rachen sein todbringendes Gebiss. Schnaubend kriecht das Ungeheuer heran, gierig züngelnd. Aus den geweiteten Augen sprühen Flammen.

Todesschauer fasst auch die Jungfrau beim Anblick des Molches. Aus dem Busen reiht sie zitternd ein funkelndes Goldkreuz und hält es, wie abwehrend, mit einem bebenden Aufschrei zu Gott dem Lindwurm entgegen. Und Staunen! Hochaufbäumend, wie vom Blitz getroffen, fahrt der Drache zurück, überschlägt sich und stürzt rücklings über das zackige Felsgestein in die Tiefe. Unter brüllendem Geheul und dem donnernden Geröll nachstürzender Felsstücke verschwand das Untier in den aufbrausenden Wellen des Stromes.

Ein einstimmiger Schrei entfuhr den abseits harrenden Heiden. Staunen und Schreck auf allen Gesichtern. In müder Gottergebung, mit traumhaft geschlossenen Lidern, stand die Jungfrau und betete leise zu dem, der sie gerettet hatte. Da sanken die Stricke, die sie schnürten: zwei sehnige Arme ergriffen sie und trugen sie in den Kreis der staunenden Menge.

Sie hob die Augen und sah den jüngeren der beiden Heerführer: seine raue Kriegerhand erfasste die ihre. Wie vor einem himmlischen Wesen beugte der Jüngling das Knie und berührte mit den Lippen ihre Finger. Laute Heilrufe ertönten dem geliebten Häuptling.

Der Priestergreis trat vor, und erwartungsvolles Schweigen lag über dem Volke. Wer sie gerettet habe vor dem sichern Verderben, wer der unbekannte Gott sei, der den Seinen so sichtlich in Todesnot helfe, fragte er feierlich die Christin. Und verklärt leuchteten die Augen der Jungfrau.

»Dies Bild des Christengottes hat den Drachen zerschmettert und mich gerettet,« rief sie. »In ihm ruht das Heil der Welt und die Wohlfahrt der Völker!«

Mit scheuer Ehrfurcht betrachtete der Priestergreis das Christuskreuz.

»Möchte es bald auch deinen Geist erhellen und den von allen ringsum,« sprach die Jungfrau ernst. »Es wird euch größere Wunder offenbaren wie dieses; denn unser Gott ist groß.«

Man geleitete die Jungfrau feierlich heimwärts samt den übrigen Gefangenen. Sie kehrte bald zurück, begleitet von einem christlichen Priester. Die Stimme des Glaubens und der Unschuld wirkten Wunder in den Herzen der Heiden. Tausende begehrten die Taufe. Der Priestergreis und Rinbold waren die ersten, die ihr Haupt der neuen Lehre beugten. Jubel herrschte in dem Stamm, als die Jungfrau dem jugendlichen Heerführer die Hand reichte fürs Leben. Eine Kirche erstand in dem Tal und eine Burg den Neuvermählten auf der Höhe des Felsens. Wohl zehn Jahrhunderte blühten die Drachenburger, ein mächtiges Geschlecht in den Gauen des Mittelrheines.

Das Siebengebirge

Der Mönch von Heisterbach

In einer lieblichen Talmulde des Siebengebirges stand in alter Zeit das Kloster Heisterbach. Trauernd stehen heute noch etliche Mauerreste auf dem baumbelaubten Wiesenplan. Nicht dem Zahn der Zeit, sondern der Barbarei eines kriegerischen Zeitalters sind die Klosterhallen zum Opfer gefallen. Man hat die Mönche verjagt, die Mauerwerke gebrochen und die Steine verwandt zum Bau von Festungen. Seit dieser Zeit, so erzählen sich die Landleute im Siebengebirge, wandeln nächtlich die Geister der vertriebenen Mönche zwischen der Chorruine und den Säulen-trümmern. Stumme Anklage erheben sie wider ihre Verfolger und die wütigen Zerstörer ihrer Zellen. Unter ihnen befindet sich Gebhard, der letzte Prior von Heisterbach. Er irrt zwischen den Mönchsgräbern, zählt sie und besucht auch die Grabstätten der Herren der Löwenburg und Drachenburg. Eine Gruft fehlt; bei der letzten Zerstörung haben die Klosterschänder sie entweiht.

Gar berühmt waren im Mittelalter die gelehrten Mönche von Heister-bach. Manche kunstvolle Abschrift der Heiligen Schrift, manches hoch-gelehrte Schriftstück wanderte aus des rheinischen Klosters stillen Ein-siedelei in die Welt und redete von dem Fleiß und Wissen der Mönche. War einer unter ihnen, noch jung an Jahren, der allen voranleuchtete an Gelehrsamkeit. Hoch stand der jugendliche Bruder in Achtung bei allen, und selbst des Abtes ergrautes Haupt beugte sich mitunter achtungsvoll vor des Jüngers gottbegnadeter Wissensfülle.

Aber des Zweifels giftiger Wurm nagte an seinem blühenden Wissen, und der Spiegel seines Glaubens trübte schädliche Grübelei. Oft irrten seine Augen unruhig über das vergilbte Pergament, worauf das lebendi-ge Wort Gottes geschrieben stand, und ob sein gläubiges Herz sich auch demütig unterwarf und aufschrie: »Ich glaube, Herr, hilf meinem Un-glauben!«, so umschwirrten ihn oft höhnend die Gebilde seines unruh-vollen Geistes, verderblichen Zweifels peinigende Gestalten, und mach-ten seine Seele zum Schauplatz qualvoller Kämpfe.

Wieder hatte er einstmals, das erglühte Antlitz über die Pergamentrollen gebeugt, die Nacht bis zur Morgenfrühe verbracht. Stunden vergingen, und um den hohen Bogenbau des Kreuzganges wob die Morgensonne ihren zarten Glanz. Verlockend hüpften ihre Strahlen auf der beschrie-benen Rolle in des Mönches Händen. Der aber gewahrte es nicht und starrte nur immerzu auf eine Stelle, die ihm des Zweifels peinigende Ge-stalten in die Seele liefen: »Tausend Jahre sind dem Herrn wie ein Tag!«

Mondenlang schon quälte sein Hirn das rätselschwere Wort des Apos-tels. Mit Gewalt hatte er die unfassbare Stelle ausgelöscht aus seinem Gedächtnis, und nun tanzten wiederum ihre Lettern vor seinen wirren Augen. Sie wuchsen, die krausen, schwarzen Zeichen, dehnten und reck-ten sich riesenhaft, wurden zu Hohngestalten und umschwirrten ihn spottend: »Tausend Jahre sind dem Herrn wie ein Tag!«

Es riss ihn hinaus aus der engen Zelle in des Klostergartens feierliche Einsamkeit. Unruhigen Schrittes maß er die Pfade ab mit quälendem Brüten. Sein Blick haftete am Boden, sein Geist weilte weitfern von der ruhatmenden Umgebung. Ohne es zu wissen, hatte er den Klostergarten verlassen und wandelte in den Waldgängen. Fröhlich grüßten ihn die zutraulichen Vögel aus grünem Geäst, glotzäugig die erwachten Blumen aus schwellendem Moos. Er aber, der grübelnde Denker, hörte und sah nichts. Denn der Zweifler in seiner Seele sah nur die eine Stelle einer Handschrift, hörte nur einen Laut: »Tausend Jahre sind dem Herrn wie ein Tag!«

Ermattet war der irrende Fuß, ermüdet das Hirn. Auf einen Stein sank der Mönch nieder und lehnte das gequälte Haupt an den Baum. Ein versöhnender Traum entführte seinen Geist. In lichtumflossenen Sphären jenseits der Sterne fand er sich wieder; am Thron des Allerhöchsten. Ihn umrauschten die Wasser der Ewigkeit. Alle Schöpfungsgebilde erschienen und priesen seiner Hände Werk, dessen Herrlichkeit die Himmel rühmen: von dem Wurm im Staub, den noch nie ein sterbliches Wesen verstand zu schaffen, bis zu dem Aar in den Lüften, dem er Fittiche gegeben, vermöge deren er hinunterschaut auf die Höhen der Erde; von dem Sandkorn im Meer bis zu dem Riesenkegel, der auf des Herrn Geheiß Feuer speit aus Jahrtausende verschlossenem Schlund. Sie alle reden nur eine Sprache, die den Hochmütigen verschlossen ist und nur den Niedrigen offenbar und verständlich: die Sprache dessen, der sie einst aus dem Nichts hervorrief, sei es in sechs Tagen, sei es in sechstausend Jahren: »Tausend Jahre sind dem Herrn wie ein Tag!«

Leis erschauernd öffnet der Mönch die Augen.

»Ich glaube, Herr, hilf meinem Unglauben!« murmelt er, sich aufraffend. Lauschend steht er. Die Klosterglocke tönt von fern. Vesperläuten ist's. Schon strahlt das Abendrot durch die schimmernden Buchen. Eilends wendet er sich dem Kloster zu. Schon ist die Kirche erhellt. Durch die halbgeöffnete Tür erblickt er die Brüder im Chorgestühl. Geräuschlos eilt er auf seinen Platz zu. Staunend gewahrt er, dass ein anderer Mönch an seinem Platz steht. Er berührt ihn mit dem Finger. Noch seltsamer! Ein Fremder ist's, den er nie zuvor gesehen hat. Nun hebt auch der und jener sein Haupt von dem Buch empor und blickt stumm fragend auf den Ankömmling.

Den packt Beklommenheit. Nur fremde Gesichter gewahrt er. Erbleichend sieht er sich um und harrt des Psalmes Ende. Verstummt sind Gesang und Gebet. Murmelndes Fragen geht die Reihen entlang. Der Abt nähert sich dem Eingetretenen, ein würdiger Greis. Auf seinem Haupt ruht der Schnee von nahezu achtzig Jahren.

»Wie ist dein Name, fremder Bruder?« fragt er in mildem, wohlwollendem Tone.

Grausen erfüllt den Mönch.

»Maurus,« murmelte er tonlos, und seine Stimme zittert. »Bernhard der Heilige war der Abt, der mein Gelübde empfing im sechsten Regierungsjahr des Königs Konrad, den sie den Franken nennen.«

Ungläubiges Staunen auf den ernsten Gesichtern der Mönche. Und sein erblassendes Antlitz hebt der Mönch zu dem greisen Abt und beichtet ihm mit bewegter Stimme, wie er hinausgewandelt sei in der Morgenfrühe in den Klostergarten, wie er im Wald entschlummert und nicht aufgewacht sei, als bis die Vesperglocke ertönte. Der Abt winkt einem Bruder.

»Es sind schier dreihundert Jahre, da Sankt Bernhard starb und Konrad, den sie den Franken nannten.«

Die Urkunden des Klosters bringt der andere. Weit zurück blättern sie: dreihundert Jahre bis in die Tage Bernhard des Heiligen. Und also las der greise Abt, was das Pergament verkündete: »Maurus, ein Zweifler, verschwand eines Tages aus dem Kloster, und niemand hat seitdem erfahren, was aus ihm geworden ist.«

Ein Schauer heiliger Ergriffenheit durchläuft des Mönches Glieder. Das war ja er, jener Bruder Maurus, der ins Kloster zurückkehrte nach dreihundert Jahren! In seinen Ohren hallten die Worte, die der Abt gelesen, wie Posaunenton des Jüngsten Gerichtes wider: dreihundert Jahre! Mit verglasten Augen starrt er empor, hilfesuchend tasten seine zitternden Hände vorwärts. Die Brüder stützen ihn und betrachten ihn mit geheimem Grausen; denn sein Antlitz wird aschfahl wie das eines Sterbenden, der schmale Haarkranz auf seinem Haupte ist plötzlich schneeweiß geworden.

»Meine Brüder,« murmelt er mit erlöschender Stimme, »achtet allezeit in Demut das unvergängliche Wort des Herrn und suchet nicht zu durchdringen, was er wohlbedacht uns verhüllt. Für ihn gibt es weder Raum noch Zeit. Möge dies Beispiel niemals erlöschen in Eurem Gedächtnis. Nun ward mir offenbar das Wort des Apostels: Tausend Jahre sind dem Herrn wie ein Tag. Er, der Unerforschliche, sei mir armen Sünder gnädig!«

Entseelt sank er zu Boden, und erschüttert beteten die Brüder an seiner Leiche die Totengebete.

Köln

Richmodis von Aducht

Es war um die Mitte des fünfzehnten Jahrhunderts. Die Schatten des Todes breiteten sich aus über Köln. Ein Weib in dunklem Gewand schlich auf scheuen Sohlen durch die Gassen: die schwarze Pest. Ihr giftgeschwellter Atem drang in die Hütten und Paläste und erlöschte mitleidlos das Leben von vielen Tausenden.

An ungezählte Häuser malten die Totengräber das schwarze Kreuz, ein Zeichen, dass das verderbliche Gespenst dort eingekehrt sei. Die Zahl der Toten stieg so sehr, dass man bei vielen auf ein regelrechtes Begräbnis verzichten musste. Man warf die Leiber der Unglücklichen zusammen in eine gemeinsame Gruft, bedeckte sie notdürftig mit Erde und pflanzte ein Kreuz darauf. Viel Jammern, Weinen und Wehklagen ward dazumal gehört in der alten Stadt Köln.

Auf dem Neumarkt, nahe bei der Kirche zu den Aposteln, wohnte in einem prächtigen Patriziergebäude der reiche Ratsherr Mengis von Aducht. Da traf auch ihn das Fürchterliche; seine jugendliche Gattin wurde von der Pest ergriffen und starb. Der Schmerz des Herrn von Aducht war grenzenlos. Er verbrachte die ganze Zeit bis zur beschleunigten Beerdigung bei der Leiche der vielgeliebten Frau, bekleidete sie selber mit dem weißen Hochzeitsgewand, das sie vor wenigen Jahren getragen, schmückte den Sarg mit herrlichen Blumen und ließ der Toten die blitzenden Ohrgehänge und kostbaren Ringe, die sie im Leben so sehr geliebt hatte.

Die Nacht trauerte über dem Friedhof neben der Apostelkirche, wo Frau Richmodis ruhte. Tiefe Stille umhüllte die Ruhestätte der Toten. Da regt sich sacht der Riegel der Kirchhofstür. Zwei Schatten schleichen auf Wolfsschritten die dunkle Gräberreihe hinab zu einer frischen Gruft, die ihnen wohlbekannt ist. Sie haben sie selber geschaufelt. Die beiden Totengräber von Sankt Aposteln sind's, die des Ratsherrn blühendes Weib am Nachmittag begruben. Sie schlossen den Deckel des Sarges, und während der Ritter sich zum letzten Mal hinabbeugte auf das heißgeliebte Weib, hafteten der beiden gierige Blicke an den blitzenden Gehängen und kostbaren Ringen, welche die Tote schmückten.

In der Finsternis rascheln die Totenblumenkränze, klingen die scharfen Spatenstiche. Allmählich leert sich die Gruft, und die Schollen nebenan Hügeln sich. Ein dumpfes Geräusch klingt herauf, bis zum Sargdeckel sind sie gelangt. Trübe flackert der Lichtschein einer Laterne aus dem Grab. Sie haben den Deckel gesprengt, beiseitegeschoben und beugen sich hyänengierig über die Gestalt im weißen Gewand. Grell bestrahlt das Licht der Laterne in der Hand des einen das entgeisterte Antlitz der Frau im Sarge, indes der zweite rasch die gefalteten Hände löst, die ringgeschmückten.

Da zuckt plötzlich die Gestalt in der Totenlade; die schmalen, weißen Finger regen sich. Schreckensbleich stürzen die Grabschänder davon, den Sarg offen lassend, die Werkzeuge vergessend.

Ein klagender Seufzer entstieg der Gruft. Einige Minuten später richtete sich mühsam die Lebendig begrabene auf. Die geweiteten Augen streiften ihre Umgebung, und Entsetzen durchrieselte sie. Schaudernd blickt sie auf die Stätte, die sie umgibt. War es ein Fiebertraum, der sie folterte?

Sie ruft mit schwacher Stimme. Niemand antwortet; nur das raschelnde Herbstlaub und die windbewegten Kronen der Kirchhofsbäume. Sonst Totenstille ringsum.

Jählings begriff sie ihre Lage: im todesähnlichen Zustand hatte man sie als Entschlafene bestattet. Ihr Herz drohte still zu stehen, doch das grausige Entsetzen verlieh der Scheintoten neue Lebenskraft. Schon stand sie draußen. Sie ergriff die zurückgelassene Laterne und wankte zwischen den Gräbern dem Ausgang zu, den die fliehenden Räuber vergessen hatten zu verriegeln.

Verlassen lagen die menschenleeren Straßen. Nur die stillen Steine erblickten die wankende Gestalt in dem schneeigen Gewand, die sich schemenhaft, oft minutenlang an die Häuser der Straßen sich anlehnend, dem Neumarkt zu bewegte.

Schweigend grüßte das altersgraue Patrizierhaus die wiedererstandene Herrin. Ein Fenster war noch erhellt. Die gequälte Frau drunten zuckte zusammen. Es war das Gemach, das Zeuge ihrer jungen Liebe gewesen, worin sie gelitten hatte unter dem Hauch der fürchterlichen Krankheit, woraus man sie als Tote hinweggetragen, damit sie aufwache in der entweihten Gruft. Vielleicht weilte ihr trauernder Gatte zur Stunde in dem Zimmer, durchmaß es mit ruhelosen Schritten, um dann endlich, überwältigt von Kummer, in des Lagers unberührten Kissen das Haupt zu vergraben, auf den Lippen den geliebten Namen Richmodis.

Die Frau im Hochzeits- und Sterbekleide seufzte. Sie pochte an die Türe so stark, als ihre erlöschende Kraft es erlaubte. Der alte Diener des Hauses steckte nach einer Weile den Kopf hinter den Ausguck der Eichentür und bemerkte im flackernden Lichtschein der Laterne das gespenstische Wesen draußen.

Richmodis nannte ihn beim Namen und hieß ihn die Haustür öffnen. Beim Klang dieser Stimme fuhr der Alte zurück. Schreckensbleich rannte er die Stiegen hinauf, stürzte ins Gemach seines Herrn und stammelte:

»Herr, die Toten stehen auf! Draußen steht unsere gute Frau vor dem Hause und möchte eintreten.«

Aber der Ratsherr schüttelte schmerzlich das Haupt.

»Richmodis, mein geliebtes Weib, ist tot und lehrt nie wieder. Nimmer kommt sie zurück,« wiederholte er mit wachsendem Weh, »eher glaube ich, dass die Schimmel aus dem Stall die Stiegen hinaufsteigen ins Turmgemach.«

Da dröhnte mit einem Male Hufschlag auf dem Innenhof, alsbald auf den steinernen Stiegen. Hinausstürzend sah der Herr von Aducht seine beiden Schimmel die Treppen hinaufpoltern.

Einen Augenblick später blickten über das Fenstersims des Giebelzimmers zwei wiehernde Rosse hinaus in die Sternennacht, unten aber vor dem alten Patrizierhaus hielt ein Mann lachend und weinend vor Glück sein verlorenes Weib in den Armen, das ihm das Grab zurückgegeben hatte.

Noch viele Jahre lebte Frau Richmodis an der Seite ihres Gatten. Ein Kranz sittsamer Kinder krönte den gesegneten Ehebund. Innige Gottseligkeit erfüllte das Leben der stillen Hausfrau, die niemand mehr hat lachen hören seit jenem Tag. In ihr Bahrtuch hat sie das Geschehnis auf dem Friedhof eingestickt, umgeben von den Bildnissen der Apostel und der Gottesmutter. Dieser Wandteppich aus grauer Leinwand wurde in der Chornische der Apostelkirche angebracht, und er war dort bis in die siebziger Jahre des vorigen Jahrhunderts zu sehen, wo er durch Fahrlässigkeit des damaligen Küsters verbrannte. Auf dem Neumarkt in Köln schauen noch heute aus dem Giebelfenster eines altertümlichen Hauses zwei holzgeschnittene Pferdeköpfe heraus, ein Erinnerungszeichen jener denkwürdigen Geschichte der Frau Richmodis von Aducht.

Köln

Die Heinzelmännchen

Das war noch in der guten, alten Zeit, die wir Unzufriedenen oft seufzend im Mund führen, wo noch gutmütige Zwerge den Menschen hilfreich erschienen sind und sie mit mancherlei Beweisen freundwilliger Gesinnung beglückt haben. In Schluchten und Höhlen hatten sie zumeist ihre palastartigen Wohnungen aufgeschlagen und hüteten dort unermessliche Metallschätze der Erde wie auch andere Güter. Sind auch wohl als Bergleute und vortreffliche Metallarbeiter tätig gewesen, als welch letztere sie herrliche Kleinodien und Waffen, so den Schatz der Nibelungen verfertigten. Dort lebten sie, von Königen beherrscht, Freunde der Finsternis, die sie nicht meiden durften, wollten sie nicht an der Sonne zu Stein werden. Mit der Zeit aber durften sie ungestraft an die Oberfläche der Erde, wohin sie durch Zwergen- oder Quarxenlöcher gelangten, aber den Menschen allemal scheu auswichen. Wo sie früher zum Nutzen und Segen der Bevölkerung geschaltet und gewaltet haben, hat sie nun die fortschreitende Kultur vertrieben.

Niemand von uns hat je so ein Zwerglein gesehen. Ihre Größe war verschieden und wechselte von der Grütze eines Daumens und einer Spanne bis zu der eines vierjährigen Kindes. Alle kennzeichnete ein verhältnismäßig sehr großer Kopf; den Körper verunstaltete häufig ein Höcker, doch sahen sie in ihrer Bergmannstracht und den Zipfelkappen recht possierlich aus. Heinzchen nannten sie wohl die Leute, auch Heinzelmännchen.

In jener guten, alten Zeit also gab's auch in der heiligen Stadt Köln solche Heinzelmännchen, und die biederen Kölner wussten viel Erbauliches von ihnen zu berichten. Gevatter Zimmerer und andere hatten dazumal mehr Feiertage, als im Kalender stehen. Legten die Zimmerleute sich auf die lange Bank, so kamen inzwischen die flinken Männlein und meißelten, sägten und hämmerten nach Herzenslust und –, also berichtet der poetische Chronist, dem wir hier folgen –, ehe der Zimmermann sich's versah, stand das ganze Haus schon fertig da.

Ebenso ging es beim Bäckermeister zu. Während die Burschen schliefen, ächzten die Männchen mit den schweren Säcken daher, kneteten, wogen, hoben und schoben, und noch ehe die Bäckerjungen erwachten, duftete bereits das frische Brot auf dem Schiebebrett. Dem Fleischer widerfuhr dieselbe erfreuliche Heimsuchung; die nächtlichen Helfer hackten, mengten und mischten, und wenn der Gesell verschlafen sich die Augen rieb, hingen im Laden bereits die dampfenden Würste. Auch der Küfer erfreute sich des verschwiegenen Besuches der fleißigen Zwerge, und selbst Meister Zwirn –, wie ein Märchen klingt es –, wurde von ihrer Gunst beglückt. Einen Staatsrock hatte ihm das würdige Stadtoberhaupt in Auftrag gegeben, und emsig führte des Meisters Hand die Nadel. Doch ihm erging es, wie es seither unzähligen Schneiderlein ergangen ist, die an heißen Sommertagen über den gekreuzten Knien die Nadel führen: er nickte ein. Und alsbald regte es sich in dem Zimmer; auf den Tisch schlüpften die Männchen und nähten und probierten und bügelten mit kundiger Hand. Als der Meister erwachte, war des Bürgermeisters Rock fertig. Darob war jener hocherfreut, und staunend stand seine Hausfrau und fand der rühmenden Worte nicht genug.

Ein jugendliches Weib ist's gewesen, das der Fürwitz oft schon geplagt hat im Leben. Jetzt sah er ihr wieder im Nacken und raunte ihr loses Zeug ins Weiberohr, und in ihren Augen hat ein ergötzlicher Schelmengedanke aufgeblitzt.

Am Abend, als der Meister bereits schlief, erhob sich sachte sein Ehegespons und streute Erbsen auf die Treppenstufen sowie ins Zimmer, wo auf dem Tisch ein halbvollendetes Wams lag. Stellte sich dann mit einem Lichtlein, das sie unter der Schürze verborgen hielt, hinter die Tür und lauschte. Bald wurde es auf der Stiege lebendig. Dann vernahm sie trippelnde Schritte, ein Hinschlagen, ein Ausgleiten, ein Fallen und Kollern, dazwischen Lärmen, Schreien und Verwünschungen. Hurtig ist des

Schneiders schalkhaftes Weib hinuntergesprungen mit dem Licht; aber schon waren die entrüsteten Hausgeister verschwunden.

Seitdem sie damals in ihrem Tun belauscht wurden, sind die Heinzelmännchen niemals mehr in Köln gesehen worden, aber in einem Brunnen haben die Kölner sie verewigt.

Köln

Jan und Griet

Zo Köln em ahle Kümpchenshoff
Wonnt ens ne Boerschmann,
Dä hat en Mäd, die nännt sich Griet,
Ne Knäch, dä nannt sich Jan.

Also hebt es an, das niederrheinische Volkslied von Jan von Werth, der ein berühmter Reitergeneral im Dreißigjährigen Krieg gewesen ist, als Schwed und Franzos sich in die Zeche deutscher Uneinigkeit teilten. Dass aber der große Jan von Werth in jungen Jahren eines Kölner Bauern Knecht gewesen war und lediglich seinem Unglück in der Liebe sein Glück im Lebensspiel verdankte, das weiß man nur in und bei der alten Stadt am Rhein.

Jan war ein fleißiger Gutsknecht, eine treue Seele und auch kein übler Bursch. Manchem hübschen Mädchen wäre der Jan als Freier gar nicht unwillkommen gewesen; aber des Braven verliebtes Herz lag seit langem in dem Bann der Griet, einer Magd des Kümpchenshofes. Nicht allzu lange glühte Jans Liebe im Verborgenen. Eines Tages trat er vor die Angebetete und gestand ihr unter vielem Stottern, dass er sie herzlich gern habe und für sie freudig zweimal so viel schaffen würde wie für den Bauern. Nachdem der wackere Freier noch viel geredet, was er lange mit sich herumgetragen, fragte er die schmucke Griet, ob sie nicht seine Frau werden wolle.

Da stemmte die dralle Griet die runden Arme in die Seite, warf den hübschen Kopf zurück, und ihre Augen maßen prüfend den biederen Freiersmann. Dann schüttelte die Griet bedauernd den blonden Kopf, und ein Lächeln, schier spöttisch, zuckte um ihren frischen, vollen Mund.

»Du bist ein Knecht, Jan, und wirst es, glaub' ich, bleiben Dein Lebtag. Du kannst nichts dafür; ich aber möchte als Mann einen reichen Halfen haben mit Kühen, Ochsen und Pferden.«

Da stieg dem ehrlichen Jan eine Blutwelle ins Gesicht; aber er beherrschte sich, denn er hatte sie herzlich gern, die da so herzlos redete.

»Wie du willst!« sagte er gelassen und wandte der hochfahrenden Maid den Rücken. Hat von der Stunde an kein weiteres Wort mehr zu ihr gesprochen außer dem üblichen Gruß. Die übrigen Knechte und Mägde aber lispelten untereinander, die Griet habe dem Jan einen Korb gegeben, und manches spöttische Lächeln traf den verunglückten Freiwerber, mehr von den Männern als von den Weibern. Da hat es den Jan nimmer gehalten auf dem Kümpchenshof, und so ist er eines Tages fortgegangen, hat Handgeld genommen und ist Soldat geworden.

Ein langwieriger Krieg war's, den dazumal der Kaiser gegen die Reichsfeinde ausfocht, und an Soldaten war Mangel. Verwegene Krieger vermochten es da wohl zu etwas zu bringen, der Jan Werth war einer von denen. Der ehemalige Knecht vom Kümpchenshof brachte es bald durch seine Tapferkeit zum Korporal, und als er in einer Schwedenschlacht abermals durch seinen persönlichen Mut die Entscheidung herbeiführte, ward ihm ein ganzes Regiment anvertraut. Endlich stieg er gar zum geadelten Reitergeneral empor, und der Name des großen Jan von Werth ward mit einem Schlage berühmt, als er die gefürchteten Franzosen in mehreren kühnen Zügen aufs Haupt schlug.

Auch von einer zarten Seite versöhnte ihn das Glück; dem berühmten General Jan von Werth reichte ein liebreizendes adeliges Fräulein die Hand zum Ehebunde.

Jener aber, die den armen Bauersknecht Jan vor Jahren verschmäht hatte, war das Glück wenig hold gewesen. Die hübsche Griet wartete Monat um Monat und Jahr um Jahr auf den reichen Halfen mit Kühen und Ochsen und Pferden; aber der erträumte Freier kam nicht, weil schon dazumal bei dem rheinischen Bauernvolk die roten Dukaten mehr Wert hatten als rote Wangen, und blitzende Taler mehr Reiz besahen als blitzende Frauenaugen. Aber die blitzenden Augen und roten Wangen wurden allgemach alt, und es kamen Tage, wo die alternde Griet recht gern einem fleißigen Knecht wie weiland der Jan als Ehegespons gefolgt wäre. Leider kam keiner. Und so hat denn die Griet, nachdem die roten Wangen und blitzenden Augen längst vergangen waren, alle Hoffnung auf eine reiche Heirat wehmütig eingesargt. Hat dann am Severinstor einen Obststand aufgeschlagen und sich kümmerlich durchgeschleppt ihre alten Tage.

Da ist eines Tages im Severinsviertel eine mächtige Bewegung entstanden unter den Leuten. Neugiervoll strömten die Kölner herzu, um einen der Ihrigen zu sehen, der heute durch das Severinstor einziehen sollte mit seinem siegreichen Heerhaufen. Der hatte es vom einfachen Bauersknecht zum Reitergeneral gebracht. Da kam er bereits, hoch auf reichgezäumten Ross, angetan mit dem goldstrotzenden Generalskleid, auf dem kühnen Kopf den breitkrempigen Hut mit der wallenden Feder: der große Jan von Werth. Hinter ihm ein Tross stattlicher Reiter.

Das Soldatenkorps, die Funken, wirbelten die Trommeln, und die Kölner schrien ihrem berühmten Landsmann Vivat zu. Das hutzelige Weiblein aber, das am Tor bei ihrem Obststand saß und soeben Kastanien briet, schaute mit einem merkwürdigen Ausdruck zu dem stolzen Reitergeneral auf. Da hält dieser dicht vor ihrem Kram das Pferd an, blickt ihr ins Gesicht und spricht dann lächelnd: »Griet, wer et hätt gedonn!«

Da zuckt es in dem runzeligen Gesicht auf, und schlagfertig erwidert die grauhaarige Griet: »Jan, wer et hätt gewoß!«

Und der große Jan von Werth ritt ein in das alte heilige Köllen. Die Stadtsoldaten wirbelten die Trommeln, und die Kölner schrien ihrem berühmten Landsmann Vivat zu.

Ein prächtiges Denkmal haben ihm die Kölner inzwischen in seiner Vaterstadt gesetzt, und den Mädchen am Niederrhein ist sie wohl bekannt, die Geschichte von Jan und Griet. Manche spröde Maid da unten im Bann der ehrwürdigen Stadt Köln soll durch sie bewogen worden sein, nicht gar so hartherzig zu verfahren mit ihrem Freiersmann, sintemal man nicht wissen kann, ob in ihm ein künftiger Reitergeneral steckt, wie in dem großen Jan von Werth. Vielleicht geht auch manchem andern rosigen Mägdelein, dessen Wiege nicht am Rhein steht, diese Geschichte zu Herzen, und es gelobt, in der Liebe nicht allzu wählerisch zu sein, damit es nicht eines schönen Tages mit der grauen Griet zu seufzen hat: »Wer et hätt gewoß!«

Aachen

Der Ring der Fastrada

Die Fastradasage führt uns in die Tage des Frankenkaisers Karl, dessen bewegtes Leben sie gar vielfach dichterisch ausgeschmückt hat. Damals hielt Karl der Große auch einen Hof in den helvetischen Landen. An den Ufern des Züricher Sees stand eine kaiserliche Pfalz. Unfern, an jener Stelle, wo voreinst die christlichen Blutzeugen Felix und Regula für das Kreuz den Todesstreich empfingen, hatte der Kaiser eine Säule errichten lassen. Ein Glöcklein hing daran, und wer immer Beschwerde zu führen hatte, durfte an dem Seile ziehen und klagend oder begehrend auftreten. Ihm ward stets Gehör. So oft Karl in Zürich Hoflager hielt, erschien er selber und hörte die Klagen und Vorstellungen der Bittsteller an.

Da lautete eines Tages wiederum das Glöcklein; als aber der Kaiser hinaustrat, war niemand zu sehen. Am Mittag des folgenden Tages geschah ein Gleiches; die Glocke läutete, doch kein Glöckner war zu sehen. Da gebot der Kaiser einem Edelknaben, sich im Laubwerk hinter der Säule zu verbergen. Mittag kam, und da sah der Knabe, wie eine Schlange aus dem Ufersand hervorkroch, sich zum Seil emporringelte und das Glöcklein in Bewegung setzte. Dem Kaiser wurde davon berichtet, und ohne Verzug machte er sich auf nach jener Stätte. Er war überrascht von dem seltsamen Bittsteller, doch ernst sprach er: »Jedem werde Gerechtigkeit, der mich darum angeht; sei es Tier oder Mensch.«

Und die Schlange neigte sich vor dem Kaiser; dann kroch sie zurück in ihre Höhle. Ihr folgte Karl, begierig, den Grund ihres Erscheinens zu entdecken. Da erblickte er auf den Eiern der Schlange drinnen in der Höhle eine ungewöhnlich große Kröte. Den Eingang schien sie versperren zu wollen. Der Kaiser gebot sofort seinen Begleitern, das Tier zu töten. Seitdem waren etliche Tage verflossen, und schon hatte Karl das seltsame Erlebnis vergessen. Da kroch, als eben der Kaiser beim Mahl sah, unerwartet die Schlange in den Saal, wand sich zum Staunen aller zu des Kaisers Sitz, neigte sich dreimal und ließ dann aufschnellend einen Edelstein in den Pokal gleiten. Rasch entschwand sie, wie sie gekommen war.

Karl nahm staunend den Stein aus dem Becher und bewunderte den kostbaren Demant. Er ließ ihn in einen goldenen Reif fassen und schenkte diesen seiner geliebten Gemahlin Fastrada. Das Kleinod aber besaß eine wunderbare Eigenschaft. Wohl hatte die schöne Fastrada sich stets der zärtlichen Verehrung ihres kaiserlichen Gemahls erfreut; aber seitdem der Ring ihre Hand schmückte, schien ein geheimer Zauber den gewaltigen Frankenkaiser mit diamantenen Banden an die ehemalige ostfränkische Grafentochter zu knüpfen.

Fast schien es, als ob sündhaft die glühende Zuneigung sei, die Karl mit steigender Glut für seine angebetete Fastrada entflammte; sie ward krank, und der Tod raubte mitleidlos dem Kaiser sein Idol. Untröstlich war Karl über den Verlust des vergötterten Weibes. An ihrer einbalsamierten Hülle verbrachte er in Schmerz aufgelöst Tage und Nächte, und ernste Besorgnis legte sich auf die Gesichter seiner Umgebung. Man raunte sich beklommen zu, des Kaisers Schmerz gehe so weit, dass er sich weigere, den Leib seiner Gemahlin der Erde zu übergeben. Ein Zauber schien ihn wahrhaft mit unsichtbaren Banden in die Nähe der toten Fastrada zu fesseln.

Traurig hörte davon der fromme Turpin, Erzbischof von Reims. In brünstigem Gebet flehte er Gott um Beistand an. Und ein Traum ward dem ehrwürdigen Gottesmann: er sah den Ring an Fastradas Hand in tausend Farben glänzen und ihr Strahlenlicht den Kaiser geheimnisvoll umfluten. Nun wusste der Bischof, dass jener Edelstein, den die Schlange einst gebracht hatte, den Kaiser an die Nähe dessen fessele, der ihn besaß.

Im Frühlicht des folgenden Tages macht Turpin, der Bischofgreis, sich auf und betritt das Gemach, wo Karl an Fastradas Hülle klagend die Nacht verbrachte. Aufgelöst in tiefe Trauer, kniet der Kaiser an der Bahre, und schmerzlich verhüllt er beim Eintritt des Gottesmannes das Haupt. Jener aber schreitet sich bekreuzend zur Toten, ergreift die kalte Hand und entnimmt ihr unbemerkt den goldenen Reifen. Und all sogleich erhebt sich der Kaiser; vor dem Greis sinkt er nieder, küsst in liebender Verehrung seine Hand und heischt ihn, ohne einen Laut der Klage, der toten Gemahlin sterbliche Hülle zu bestatten. Also geschah es; in St. Alban zu Mainz wurde Fastrada beigesetzt. Der Bann, mit dem sie über den Tod hinaus den Gatten bestrickte, war gelöst.

Mit besonderer Verehrung hing der Frankenkaiser seitdem an dem Erzbischof von Reims. Karl litt nicht, dass Turpinus ihn verlasse; er verlangte ihn ständig in seiner nächsten Nähe zu haben und machte ihn zu seinem ersten Freund und Berater. Der fromme Kirchenfürst nutzte jene Stellung lediglich zum Besten des Reiches aus und tat viel Gutes. Oft aber wandelte ihn Reue an über die Art, wie er des Kaisers höchste Gunst erlangt habe, und unaufrichtig dünkte ihn seine Handlungsweise.

Als er einst Karl auf einer Reise im westlichen Deutschland begleitete, schleuderte er den Ring in ein Wasser, von wo er nimmer konnte hervorgeholt werden. Seit jener Stunde zog es den Frankenherrscher unwiderstehlich zu dieser Gegend hin. Er baute eine Kaiserpfalz an jene Stätte, und eine blühende Stadt umkränzte bald den Palast Karls des Großen. Aachen hieß sie.

Cleve

Der Schwanenritter

Die alte Burg auf dem Schlossberg zu Cleve hat einen Schwan als Wetterfahne, und voreinst trug das Herrschergeschlecht, das über das liebliche Clever Land regierte, einen Schwan im Wappen. Eine nachdenkliche Sage, seither durch eines unsterblichen Meisters Tongebilde für alle Zeiten vor dem Vergessen gerettet, knüpft sich an jenes Schwanenbild: die Sage vom Schwanenritter.

Damals lag tiefes Leid auf dem Schloss zu Cleve. In großer Bedrängnis war seine Herrin, die Herzogin Elisabeth. Man hatte ihren geliebten Ehegemahl zur letzten Ruhe hinausgetragen, und kaum hatten des Grabes Riegel sich vorgeschoben über dem teuren Toten, da erhob sich einer ihrer Vasallen und heischte in trutziger Herrschsucht die Regierung. Der Verwegene verstieg sich sogar, die Hand der schönen Herzogin zu verlangen; nur dadurch, erklärte er, könne sie einen Teil der Würde retten, der sie nach des Gatten Tode verlustig sei.

Vergebens flehte die jugendliche Herzogin ihre Getreuen um Hilfe an. Höhnisch erbot sich der Empörer, mit jedem ein Gottesgericht bestehen zu wollen, der ihm den Fehdehandschuh hinwerfe, wohl wissend, dass seine Kraft und Kühnheit ihm keinen ebenbürtigen Gegner im Zweikampf erstehen ließ.

In tiefstem Leid flossen die Tage für die Herzogin dahin. Immer näher kam der Tag, wo der rebellische Vasall sich erkühnen wollte, vor allem Volk drunten auf der Rheinau feierlich seine Ansprüche auf Hand und Herrschaft der Herzogin geltend zu machen. Der Tag erschien; bleich, das Antlitz vom Witwenschleier bedeckt, den stolzen Leib in Trauergewänder gehüllt, stieg die Herzogin hinunter zum Rhein, wo der Ritter glänzender Kreis und des Volkes Gewimmel den weiten Raum bedeckte. Dann trat der gefürchtete Empörer vor, in strahlendem Waffengeschmeide, und erhob aufs Neue mit blitzenden Augen und herrischer Stimme seine Forderung auf Hand und Herrschaft der Herzogin. Ihm riefen die verblendeten Edlen Beifall; doch spärlich ward er ihm aus des Volkes Menge, dessen Blicke mitleidig und bewundernd zugleich auf der jugendschönen Landesherrin ruhten.

Zum andern Mal wiederholte jener seine Forderung und ließ die Augen herausfordernd über die Menge schweifen. Laut klang sein Aufruf an den, der mit ihm zu streiten gewillt sei für der Herzogin Sache. Kein Kämpe meldete sich, und der Herzogin Antlitz ward noch bleicher als zuvor.

Zum drittenmal klang des Gegners Herausforderung an den, so mit ihm zu streiten gewillt sei für die Sache der Herzogin von Cleve und Geldern, Prinzessin von Brabant.

Lautlose Stille. Da drückte die Herzogin in weher Enttäuschung ihren Rosenkranz inbrünstig an die Brust und rief verzweifelnd zum Herrn um Gnade. An ihrem Rosenkranz aber soll ein Silberglöcklein gehangen haben, das hatte die wunderbare Eigenschaft, einen leisklingenden Ton von sich zu geben, der in bestimmter Ferne gar hell erklang.

Und wie sie das Kreuz am Rosenkranz berührte, da tauchte plötzlich fern auf dem Strom ein Schifflein auf. Näher kam es, und aller Augen wendeten sich überrascht dem zierlichen Boot zu, das ein schimmernder Schwan an einer goldenen Kette zog. Drinnen im Schifflein aber stand ein Ritter in blitzender Silberbrünne. In Locken flutete sein Blondhaar aus dem strahlenden Helm, kühn blitzten seine blauen Augen zum Ufer hin, und kraftvoll stützte die Rechte sich auf den Knauf des Schwertes.

Das Boot hielt am Ufer gerade vor dem Richtplatz. Der Ritter stieg heraus und winkte dem Schwan, der langsam mit der Barke den Rhein hinuntertrieb. Scheu und schweigend machte die Menge Platz vor dem Fremdling, der stolzen Schrittes in den Kreis der Ritter trat und sie feierlich begrüßte. Vor der Herzogin beugte er das Knie, und dann, zu dem trutzigen Vasallen gewandt, forderte er ihn mit lauter Stimme auf, mit ihm zu kämpfen um Hand und Herrschaft der Herzogin von Cleve und Geldern, Prinzessin von Brabant.

Da erblasste der Empörer für Sekundendauer. Rasch aber sammelte er sich, und höhnisch riss er sein Schwert aus der Scheide. Die Waffen blitzten, zischend begegneten sich ihre Schneiden. Bewundernd und teilnahmsvoll hingen alle Augen an dem fremden Ritter, der mit wundersamer Kunst den wuchtigen Schlägen seines riesenstarken Gegners auswich. Dann klang plötzlich ein dumpfer Schrei; schwer getroffen von des Fremdlings geschicktem Hieb sank der Frevler sterbend nieder. Donnernder Jubel durchbrauste die Au und fand Widerhall bei den Wogen des Stromes. Die Gerechtigkeit hatte gesiegt, der Herr hatte gerichtet; weinend vor Bewegung sank die Herzogin vor ihrem Retter nieder. Er aber hob sie empor, beugte sein Knie vor der schönen Frau und hielt um ihre Hand an.

Ein Himmel voll Seligkeit wölbte sich von neuem über dem Haupt der Herzogin Elisabeth. Aus ihrer Dankbarkeit ward innige Liebe, die ihren Lohn fand in zärtlicher Verehrung. Dennoch trübte eine Wolke jenes freudenlichte Blau; nie, so hatte es der Schwanenritter geboten, dürfe sie den Gemahl fragen, woher und wessen Geschlechtes er sei. Sie hatte ihm am Vermählungstage die heilige Versicherung geben müssen, ihn nie um Heimat und Namen zu befragen, und willig hatte sie, bauend auf des Fremdlings ritterliches Gebaren, den seltsamen Schwur geleistet.

Treulich hielt die Herzogin, was sie gelobt hatte. Jahre waren seitdem vergangen. Ihren glücklichen Bund krönten drei Knaben. Hoffnungsvoll wuchsen sie heran, dereinstige Zierden der Ritterschaft. Oft aber, wenn das Auge der Herzogin auf den blühenden Jünglingen ruhte, gedachte sie beklommenen Herzens des Schwures, den sie vor Jahren hatte leisten müssen, und quälend lastete die trübe Wolke auf ihrem mütterlichen Herzen. Wie stolz würde ihr Mutterherz schlagen, wüsste sie Namen und Herkunft des Vieledlen, dem sie die Jünglinge geschenkt hatte als Pfand ihrer Liebe! Von edler Abkunft musste er sein, der hoheitsvolle Gemahl. Doch warum sollten nicht seine Söhne dereinst seinen Namen mitnehmen in die Welt und sein Wappen mit neuem Glanz schmücken? Also dachte sie, und drückend lastete die trübe Wolke auf ihrem mütterlichen Herzen. Verhüllte zeitweise schier das Bild des Mannes, das strahlend in jenem Herzen stand und ihr ganzes Sein erfüllte. Und einem gefangenen Vöglein gleich schwirrte die Frage nach Name und Herkunft des Gemahls durch ihr Inneres, bis sie eines Tages in schmeichelndem Geflüster sich über ihre Lippen drängte.

Da verfärbte sich der stolze Held. Lautlos löste er die zärtliche Umarmung, dann rief er schmerzlich aus:»Weh dir, unglückliches Weib, weh auch mir Armen! Deine Frage zerstört unser Glück, und für immer müssen mir uns trennen.«

Während sie verzweifelnd aufschreit in wildem Jammer, schreitet er schweigend nach schwerem Abschied hinaus, dem Rhein zu. Klagend klingt sein Silberhorn, und die grünen Fluten durchfurcht ein schneeweißer Schwan mit zierlichem Boot. Trauernd besteigt der Ritter den Nachen. Nicht rückwärts blickt er; unaufhaltsam treibt das Fahrzeug abwärts, bis es in dämmerblauer Ferne entgleitet.

Niemals ist er wiedergekommen, der fremde Schwanenritter. Untröstlich war seine Gemahlin. Nicht lange nachher machte der Tod ihrem Leid ein Ende. Das Geschlecht, das der Fremdling gegründet hat, fühlte den Schwan im Wappen. Noch heute findet der Wanderer in der Stiftskirche zu Cleve einen Grabstein, darauf ist ein Ritter eingehauen, zu seinen Füßen ein Schwan. Schwanenturm heißt noch heute der Turm, der die Clever Burg überragt.

Xanten

Siegfried

Siegfried! Mit leuchtenden Augen nennt die Sage den Namen dieses herrlichen Helden vom Niederrhein. Furchtlos und treu zu sein, wie er es sein Lebtag gewesen, liegt im germanischen Geblüt. Und darum lebt seit vielen Jahrhunderten wie keine andere deutsche Sage vom Hürnenen Seyfried die uralte Mär in unser Aller Herzen ewig jung ein unsterbliches, geheimes Leben.

Ein mächtiges Königsschloss stand dazumal in dem uralten Städtchen, das sie später Ad Santos genannt haben, weil hier im vierten Jahrhundert die Helden der thebäischen Legion unter ihrem Führer, dem heiligen Viktor, für den christlichen Glauben in den Tod gegangen sind. In jener Königsburg am Niederrhein wohnten in grauer Vorzeit Siegmund und Sieglinde. Siegfried hieß ihr Sohn. Frühzeitig verband der Knabe mit königlichem Wuchs einen kühnen, schier unbändigen Sinn.

Mit dreizehn Lenzen hielt es den kecken Knaben nicht mehr auf der väterlichen Burg zu Xanten. Aus alten Mären hatte er frühzeitig gehört von kühnen Reckenfahrten und heldenhaften Kämpfen auf heimischer Männererde. Auch ihn drängte es nach Aventiuren, nach Kämpfen und Wagnissen. So verließ eines Tages Jung-Siegfried heimlich das Schloss und wanderte den Strom hinauf. Bald bot sich ihm Gelegenheit, seinen Mut zu erproben.

Am Fuß des Siebengebirges traf der Königssohn den berühmten Waffenschmied Mimer, der schmiedete prächtige Klingen und blitzende Schwerter. Gar sehr behagte dem jungen Fant das kunstvolle Handwerk, und den Meister bat er, ihn aufzunehmen und ihn einzuweihen in die edle Kunst des Waffenschmiedens. Der war's zufrieden, und Siegfried blieb. Unfroh empfanden bald des Schmiedes Gesellen die Kampflust des jungen Recken. Nicht selten packte ihn der aufschäumende Übermut, und er hob sie mannshoch, um sie in den Sand gleiten zu lassen, oder in dem tollen Spiel jugendlicher Krafterprobung schrieb seine breite Faust auf ihren Rücken blaue, krause Zeichen. Einmal gar zerschmetterte seines Hammers Hieb alle Eisenstangen und trieb den Ambos in den Grund.

Dem Meister behagte der unbändige Knabe mit der gewaltigen Körperkraft von nun an wenig, und er beschloss, sich seiner zu entledigen. Zum Kohlenbrennen hieß er ihn gehen, einen Sack zu holen, wohl wissend, dass der ungestüme Gesell nimmer zur Waldschmiede zurückkehren werde.

Denn ein gräulicher Drache hauste in jenem Teil des Forstes; der mordete mitleidlos jeden Wanderer, dessen Fuß sich in sein Gebiet verirrte. Siegfried hatte einen Kohlenmeiler angezündet, und lohend schlugen die Flammen aus dem Gebüsch. Da stampfte plötzlich mit langgekrallten Füßen das Ungetüm heran, krümmte gierig den schuppigen Leib und wirbelte fauchend die blutige Zunge, um den neuen Kohlenbrenner zu verschlingen. Kampfglühend aber blitzten des jungen Helden Augen, einen flammenden Kloben riss er aus dem Feuerherd und stieß das brennende Ende dem Lindwurm in den gähnenden Rachen. Da wälzte sich das Untier schmerzbrüllend am Boden und schlug grimmig nach ihm mit dem geringelten Schweif und den gewaltigen Tatzen. Siegfried aber versetzte ihm wuchtige Schläge, wich ihm geschickt aus und zerschmetterte ihm endlich mit einem riesigen Felsblock das Haupt, worauf das Ungetüm röchelnd verendete.

Den schuppigen Wanst schleuderte er in die lodernden Flammen. Da sah der furchtlose junge Held zu seinem Erstaunen, wie ein Strom von Fett aus der Glut hervorquoll und in einer Lache zusammenfloß zu seinen Füßen. Und ein Vöglein hörte er trillern und also singen aus dem Geäst des Lindenbaumes:

Willst du hörnern sein
Und in jedem Streit
Gegen Hieb gefeit,
Recke, tauch hinein!

Da warf Siegfried seine Gewandung ab und salbte seinen sehnigen Körper mit dem Drachenfett an allen Gliedmaßen. Nur ein Fleck an der Achsel blieb frei, wohin ein Lindenblatt gefallen und haften geblieben war.

Kampfesfroh kehrte der kraftvolle Held mit dem Kopf des Lindwurms zur Schmiede zurück und erschlug den heimtückischen Schmied, der ihn hatte verderben wollen. Schmiedete sich dann ein neues Schwert und eine stählerne Brünne. Nachdem er sich aus Mimers Stall das schnellste Ross, den Renner Grani gesattelt, zog er von dannen, um neue Abenteuer zu suchen.

Viele Tagereisen legte der hürnene Siegfried zurück. Er sah Berg und Strom und endlich das Meer. Zu Schiffe stieg er, und die Windsbraut schleudert Held und Hengst an eine Felsenküste. Mutig erklimmt sie der Renner und trägt den Reiter an ein verzaubertes Schloss, das eine wabernde Lohe flammend umzüngelt. Unschlüssig steht Jung-Siegfried, und wiederum klingt über ihm des trillernden Waldvögleins helles Gezwitscher:

Lös den Bann! Hinein
Spreng mit Heldenmut
In die Feuersglut!
Schönste Maid wird dein.

Da spornte der Held sein Ross, dass es sich bäumte und schäumte und Reiter und Tier die erstickende Lohe glühend umfing. Siegfried aber bahnte sich den Weg. Ein gewaltiger Sprung bringt ihn mitten ins Flammenmeer, das prasselnd erlischt. Gelöst ist der Bann, vor ihm liegt ein Zauberschloss in wunderbarer Pracht. Er dringt in die Gemächer und Räume, bestaunt die schlafenden Rosse an ihren Krippen, die schlafenden Rossknechte in den Ställen, die schlafenden Köche am Herde. Dann tritt er in den Burgsaal. Ein unerwartetes Bild! Auf dem Ruhebett liegt in weißschimmerndem Gewand, funkelndes Gestein im reichen, goldblonden Haar, ein göttergleiches Weib.

Wie nun der Held einen Kuss auf ihren rosigen Mund drückt und dadurch Brunhild, das blonde Königskind, zum Leben erwacht samt allen, die hundertjährigem Zauber verfallen waren; wie sie ihrem kühnen Retter sich zu eigen geben will, aber in hartem Walkürentrotz zaudert, einem Mann den Lohn der Minne zu gewähren; wie der Held Siegfried sich vergeblich wappnete gegen die Lockungen der verführerischen Götterjungfrau; wie er endlich des Vögleins Stimme wieder vernimmt von den Riesen und Zwergen zu Niflheim, dem Nibelungenhort und der Tarnkappe, die ihn unbezwingbar mache –, wie endlich der Held sich ermannt und tatenlüstern wegzieht aus dem Bann der königlichen Maid: das alles hat die Sage zaubervoll ausgesponnen, und in aller Mund lebt es heute.

Noch mancherlei rühmliche Abenteuer hat Siegfried mit dem ganzen Feuer seiner heldenhaften Seele bestanden bei seiner Ausfahrt ins Nibelungenland, wo er den tückischen Zwergen den Schatz entwand samt der zaubernden Tarnkappe. Dann aber hat den Helden das Heimweh befallen, und er machte sich auf den Rückweg zum väterlichen Schloss am Niederrhein. Nach Munden langte er hier an und berichtete von seinen Taten. Gar groß war die Freude des edlen Herrscherpaares Siegmund und Sieglinde. Also endete die Ausfahrt Jung-Siegfrieds, des Königssohnes von Xanten.